OEUVRES

DE

J.-B. POQUELIN

DE MOLIÈRE.

TOME SECOND.

PARIS
FELIX LOCQUIN, IMPRIMEUR,
16, RUE NOTRE-DAME DES VICTOIRES.

1843

OEUVRES
DE
MOLIÈRE.

Imprimerie de F. LOCQUIN, 16, rue N.-D. des Victoires.

OEUVRES

DE

J.-B. POQUELIN

DE MOLIÈRE

TOME DEUXIÈME.

PARIS

FÉLIX LOCQUIN, IMPRIMEUR,

16, RUE NOTRE-DAME DES VICTOIRES, PRÈS LA BOURSE.

—

1842

D. GARCIE DE NAVARRE,

ou

LE PRINCE JALOUX,

COMÉDIE HÉROÏQUE EN CINQ ACTES.

. 1661.

PERSONNAGES.

Don Garcie, prince de Navare, amant de done Elvire.
Done Elvire, princesse de Léon.
Don Alphonse, prince de Léon, cru prince de Castille sous le nom de don Sylve.
Done Ignès, comtesse, amante de don Sylve, aimée par Maurégat, usurpateur de l'état de Léon.
Élise, confidente de done Elvire.
Don Alvar, confident de don Garcie, amant d'Élise.
Don Lope, autre confident de don Garcie, amant d'Élise.
Don Pedre, écuyer d'Ignès.
Un page de done Elvire.

La scène est dans Astorgue, ville d'Espagne, dans le royaume de Léon.

D. GARCIE DE NAVARRE,

ou

LE PRINCE JALOUX.

ACTE PREMIER.

SCENE PREMIÈRE.

DONE ELVIRE, ÉLISE.

D. ELVIRE.
Non, ce n'est point un choix qui, pour ces deux amants,
Sut régler de mon cœur les secrets sentiments;
Et le prince n'a point, dans tout ce qu'il peut être,
Ce qui fit préférer l'amour qu'il fait paraître.
Don Sylve, comme lui, fit briller à mes yeux
Toutes les qualités d'un héros glorieux;
Même éclat de vertus, joint à même naissance,
Me parlait en tous deux pour cette préférence;
Et je serais encore à nommer le vainqueur,
Si le mérite seul prenait droit sur un cœur :
Mais ces chaînes du ciel qui tombent sur nos ames,
Décidèrent en moi le destin de leurs flammes;
Et toute mon estime, égale entre les deux,
Laissa vers don Garcie entraîner tous mes vœux.

ÉLISE.
Cet amour que pour lui votre astre vous inspire,
N'a sur vos actions pris que bien peu d'empire,

Puisque nos yeux, madame, ont pu longtemps douter
Qui de ces deux amants vous vouliez mieux traiter.

D. ELVIRE.

De ces nobles rivaux l'amoureuse poursuite,
A de fâcheux combats, Elise, m'a réduite.
Quand je regardais l'un, rien ne me reprochait
Le tendre mouvement où mon ame penchait ;
Mais je me l'imputais à beaucoup d'injustice,
Quand de l'autre à mes yeux s'offrait le sacrifice :
Et don Sylve, après tout, dans ses soins amoureux,
Me semblait mériter un destin plus heureux.
Je m'opposais encor ce qu'au sang de Castille
Du feu roi de Léon semble devoir la fille ;
Et la longue amitié qui d'un étroit lien
Joignit les intérêts de son père et du mien.
Ainsi, plus dans mon ame un autre prenait place,
Plus de tous ses respects je plaignais la disgrace ;
Ma pitié, complaisante à ses brulants soupirs,
D'un dehors favorable amusait ses désirs ;
Et voulait réparer, par ce faible avantage,
Ce qu'au fond de mon cœur je lui faisais d'outrage.

ÉLISE.

Mais son premier amour que vous avez appris,
Doit de cette contrainte affranchir vos esprits ;
Et, puisque avant ces soins où pour vous il s'engage
Done Ignès de son cœur avait reçu l'hommage,
Et que, par des liens aussi fermes que doux,
L'amitié vous unit cette comtesse et vous,
Son secret révélé vous est une matière
A donner à vos vœux liberté tout entière:
Et vous pouvez, sans crainte, à cet amant confus
D'un devoir d'amitié couvrir tous vos refus.

D. ELVIRE.

Il est vrai que j'ai lieu de chérir la nouvelle
Qui m'apprit que don Sylve était un infidèle,
Puisque par ses ardeurs mon cœur tyrannisé
Contre elles à présent se voit autorisé ;
Qu'il en peut justement combattre les hommages,
Et, sans scrupule, ailleurs donner tous ses suffrages.

Mais enfin quelle joie en peut prendre ce cœur,
Si d'une autre contrainte il souffre la rigueur;
Si d'un prince jaloux l'éternelle faiblesse
Reçoit indignement les soins de ma tendresse,
Et semble préparer, dans mon juste courroux,
Un éclat à briser tout commerce entre nous?

ÉLISE.

Mais si de votre bouche il n'a point su sa gloire,
Est-ce un crime pour lui que de n'oser la croire?
Et ce qui d'un rival a pu flatter les feux
L'autorise-t-il pas à douter de vos vœux?

D. ELVIRE.

Non, non, de cette sombre et lâche jalousie
Rien ne peut excuser l'étrange frénésie;
Et par mes actions je l'ai trop informé
Qu'il peut bien se flatter du bonheur d'être aimé.
Sans employer la langue, il est des interprètes
Qui parlent clairement des atteintes secrètes :
Un soupir, un regard, une simple rougeur,
Un silence est assez pour expliquer un cœur.
Tout parle dans l'amour; et sur cette matière
Le moindre jour doit être une grande lumière,
Puisque chez notre sexe, où l'honneur est puissant,
On ne montre jamais tout ce que l'on ressent.
J'ai voulu, je l'avoue, ajuster ma conduite,
Et voir d'un œil égal l'un et l'autre mérite :
Mais que contre ses vœux on combat vainement,
Et que la différence est connue aisément
De toutes ces faveurs qu'on fait avec étude,
A celles où du cœur fait pencher l'habitude!
Dans les unes toujours on paraît se forcer;
Mais les autres, hélas! se font sans y penser;
Semblables à ces eaux si pures et si belles,
Qui coulent sans effort des sources naturelles.
Ma pitié pour don Sylve avait beau l'émouvoir,
J'en trahissais les soins sans m'en apercevoir;
Et mes regards au prince, en un pareil martyre,
En disaient toujours plus que je n'en voulais dire.

ÉLISE.

Enfin si les soupçons de cet illustre amant,
Puisque vous le voulez, n'ont point de fondement,
Pour le moins font-ils foi d'une ame bien atteinte;
Et d'autres chériraient ce qui fait votre plainte.
De jaloux mouvements doivent être odieux,
S'ils partent d'un amour qui déplaît à nos yeux :
Mais tout ce qu'un amant nous peut montrer d'alarmes
Doit, lorsque nous l'aimons, avoir pour nous des char-
{mes;
C'est par là que son feu se peut mieux exprimer
Et plus il est jaloux, plus nous devons l'aimer.
Ainsi, puisque en votre ame un prince magnanime...

D. ELVIRE.

Ah! ne m'avancez point cette étrange maxime!
Partout la jalousie est un monstre odieux;
Rien n'en peut adoucir les traits injurieux;
Et plus l'amour est cher qui lui donne naissance,
Plus on doit ressentir les coups de cette offense.
Voir un prince emporté, qui perd à tous moments
Le respect que l'amour inspire aux vrais amants;
Qui, dans les soins jaloux où son ame se noie,
Querelle également mon chagrin et ma joie,
Et dans tous mes regards ne peut rien remarquer,
Qu'en faveur d'un rival il ne veuille expliquer :
Non, non, par ces soupçons je suis trop offensée,
Et sans déguisement je te dis ma pensée.
Le prince don Garcie est cher à mes désirs;
Il peut d'un cœur illustre échauffer les soupirs;
Au milieu de Léon on a vu son courage
Me donner de sa flamme un noble témoignage,
Braver, en ma faveur, des périls les plus grands,
M'enlever aux desseins de nos lâches tyrans,
Et, dans ces murs forcés, mettre ma destinée
A couvert des horreurs d'un indigne hyménée :
Et je ne cèle point que j'aurais de l'ennui
Que la gloire en fût due à quelque autre qu'à lui;
Car un cœur amoureux prend un plaisir extrême
A se voir redevable, Elise, à ce qu'il aime;

Et sa flamme timide ose mieux éclater,
Lorsque en la favorisant elle croit s'acquitter.
Oui, j'aime qu'un secours qui hasarde sa tête,
Semble à sa passion donner droit de conquête ;
J'aime que mon péril m'ait jetée en ses mains :
Et si les bruits communs ne sont pas des bruits vains,
Si la bonté du ciel nous ramène mon frère,
Les vœux les plus ardents que mon cœur puisse faire,
C'est que son bras encor sur un perfide sang
Puisse aider à ce frère à reprendre son rang,
Et par d'heureux succès d'une haute vaillance :
Mériter tous les soins de sa reconnaissance.
Mais, avec tout cela, s'il pousse mon courroux,
S'il ne purge ses feux de leurs transports jaloux,
Et ne les range aux lois que je veux lui prescrire,
C'est inutilement qu'il prétend donc Elvire :
L'hymen ne peut nous joindre, et j'abhorre des nœuds
Qui deviendraient sans doute un enfer pour tous deux.

ELISE.

Bien que l'on pût avoir des sentiments tout autres,
C'est au prince, madame, à se régler aux vôtres ;
Et dans votre billet ils sont si bien marqués,
Que quand il les verra de la sorte expliqués...

D. ELVIRE.

Je n'y veux point, Elise, employer cette lettre,
C'est un soin qu'à ma bouche il me vaut mieux com-
         mettre.
La faveur d'un écrit laisse aux mains d'un amant
Des témoins trop constants de notre attachement ;
Ainsi donc empêchez qu'au prince on ne la livre.

ELISE.

Toutes vos volontés sont des lois qu'on doit suivre.
J'admire cependant que le ciel ait jeté
Dans le goût des esprits tant de diversité,
Et que ce que les uns regardent comme outrage
Soit vu par d'autres yeux sous un autre visage.
Pour moi, je trouverais mon sort tout à fait doux,
Si j'avais un amant qui pût être jaloux ;
Je saurais m'applaudir de son inquiétude :
Et ce qui pour mon ame est souvent un peu rude,

C'est de voir don Alvar ne prendre aucun souci...
D. ELVIRE.
Nous ne le croyions pas si proche, le voici.

SCENE II.
DONE ELVIRE, DON ALVAR, ELISE.

D. ELVIRE.
Votre retour surprend : qu'avez-vous à m'apprendre?
Don Alphonse vient-il ? A-t-on lieu de l'attendre?
D. ALVAR.
Oui, madame, et ce frère, en Castille élevé,
De rentrer dans ses droits voit le temps arrivé.
Jusqu'ici don Louis, qui vit à sa prudence
Par le feu roi mourant commettre son enfance,
A caché ses destins aux yeux de tout l'État,
Pour l'ôter aux fureurs du traître Maurégat ;
Et bien que le tyran, depuis sa lâche audace,
L'ait souvent demandé pour lui rendre sa place,
Jamais son zèle ardent n'a pris de sûreté
A l'appât dangereux de sa fausse équité:
Mais les peuples émus par cette violence
Que vous a voulu faire une injuste puissance,
Ce généreux vieillard a cru qu'il était temps
D'éprouver le succès d'un espoir de vingt ans :
Il a tenté Léon, et ses fidèles trames
Des grands, comme du peuple, ont pratiqué les ames,
Tandis que la Castille armait dix mille bras
Pour redonner ce prince aux vœux de ses états ;
Il fait auparavant semer sa renommée,
Et ne veut le montrer qu'en tête d'une armée,
Que, tout prêt à lancer le foudre punisseur,
Sous qui doit succomber un lâche ravisseur.
On investit Léon, et don Sylve en personne
Commande le secours que son père vous donne.
D. ELVIRE.
Un secours si puissant doit flatter notre espoir ;
Mais je crains que mon frère y puisse trop devoir.
D. ALVAR.
Mais, madame, admirez que, malgré la tempête
Que votre usurpateur voit gronder sur sa tête,

Tous les bruits de Léon annoncent pour certain
Qu'à la comtesse Ignès il va donner la main.
D. ELVIRE.
Il cherche dans l'hymen de cette illustre fille
L'appui du grand écrit où se voit sa famille;
Je ne reçois rien d'elle, et j'en suis en souci ;
Mais son cœur au tyran fut toujours endurci.
ELISE.
De trop puissants motifs d'honneur et de tendresse
Opposent ses refus aux nœuds dont on la presse,
Pour....
D. ALVAR.
Le prince entre ici.

SCENE III.

DON GARCIE, DONE ELVIRE, DON ALVAR, ELISE.

D. GARCIE.
Je viens m'intéresser,
Madame, au doux espoir qu'il vous vient d'annoncer.
Ce frère qui menace un tyran plein de crimes
Flatte de mon amour les transports légitimes :
Son sort offre à mon bras des périls glorieux
Dont je puis faire hommage à l'éclat de vos yeux,
Et par eux m'acquérir, si le ciel m'est propice,
La gloire d'un revers que vous doit sa justice,
Qui va faire à vos pieds choir l'infidélité,
Et rendre à votre sang toute sa dignité.
Mais ce qui plus me plaît d'une attente si chère,
C'est que, pour être roi, le ciel vous rend ce frère ;
Et qu'ainsi mon amour peut éclater au moins
Sans qu'à d'autres motifs on impute ses soins,
Et qu'il soit soupçonné que dans votre personne
Il cherche à me gagner les droits d'une couronne.
Oui, tout mon cœur voudrait montrer aux yeux de tous
Qu'il ne regarde en vous autre chose que vous ;
Et cent fois, si je puis le dire sans offense,
Ses vœux se sont armés contre votre naissance ;
Leur chaleur indiscrète a d'un destin plus bas
Souhaité le partage à vos divins appas;

Afin que de ce cœur le noble sacrifice
Pût du ciel envers vous réparer l'injustice,
Et votre sort tenir des mains de mon amour
Tout ce qu'il doit au sang dont vous tenez le jour.
Mais puisque enfin les cieux de tout ce juste hommage,
A mes feux prévenus dérobent l'avantage,
Trouvez bon que ces feux prennent un peu d'espoir
Sur la mort que mon bras s'apprête à faire voir,
Et qu'ils osent briguer, par d'utiles services,
D'un frère et d'un État les suffrages propices.

D ELVIRE.

Je sais que vous pouvez, prince, en vengeant nos [droits,
Faire pour votre amour parler cent beaux exploits :
Mais ce n'est pas assez pour le prix qu'il espère,
Que l'aveu d'un État, et la faveur d'un frère.
Done Elvire n'est pas au bout de cet effort,
Et je vous vois à vaincre un obstacle plus fort.

D. GARCIE.

Oui, madame, j'entends ce que vous voulez dire.
Je sais bien que pour vous mon cœur en vain soupire;
Et l'obstacle puissant qui s'oppose à mes feux,
Sans que vous le nommiez, n'est pas secret pour eux.

D. ELVIRE.

Souvent on entend mal ce qu'on croit bien entendre;
Et par trop de chaleur, prince, on se peut méprendre,
Mais puisqu'il faut parler désirez-vous savoir [poir?
Quand vous pourrez me plaire, et prendre quelque es-

D. GARCIE.

Ce me sera, madame, une faveur extrême.

D. ELVIRE. [aime

Quand vous saurez m'aimer comme il faut que l'on

D. GARCIE.

Eh! que peut-on, hélas! observer sous les cieux,
Qui ne cède à l'ardeur que m'inspirent vos yeux ?

D. ELVIRE.

Quand votre passion ne fera rien paraître
Dont se puisse indigner celle qui l'a fait naître.

D. GARCIE.

C'est là son plus grand soin.

ACTE I, SCENE III.

D. ELVIRE.
Quand tous ses mouvements
Ne prendront point de moi de trop bas sentiments.

D. GARCIE.
Ils vous révèrent trop.

D. ELVIRE.
Quand d'un injuste ombrage
Votre raison saura me réparer l'outrage,
Et que vous bannirez enfin ce monstre affreux
Qui de son noir venin empoisonne vos feux,
Cette jalouse humeur dont l'importun caprice
Aux vœux que vous m'offrez rend un mauvais office,
S'oppose à leur attente, et contre eux, à tous coups,
Arme les mouvements de mon juste courroux.

D. GARCIE.
Ah! madame! il est vrai, quelque effort que je fasse,
Qu'un peu de jalousie en mon cœur trouve place,
Et qu'un rival, absent de vos divins appas,
Au repos de ce cœur vient livrer des combats.
Soit caprice ou raison, j'ai toujours la croyance
Que votre ame en ces lieux souffre de son absence,
Et que, malgré mes soins, vos soupirs amoureux
Vont trouver à tous coups ce rival trop heureux.
Mais, si de tels soupçons ont de quoi vous déplaire,
Il vous est bien facile, hélas! de m'y soustraire;
Et leur bannissement, dont j'accepte la loi,
Dépend bien plus de vous qu'il ne dépend de moi.
Oui, c'est vous qui pouvez, par deux mots pleins de
Contre la jalousie armer toute mon ame, [flamme,
Et, des pleines clartés d'un glorieux espoir,
Dissiper les horreurs que ce monstre y fait choir.
Daignez donc étouffer le doute qui m'accable,
Et faites qu'un aveu d'une bouche adorable
Me donne l'assurance, au fort de tant d'assauts,
Que je ne puis trouver dans le peu que je vaux.

D. ELVIRE.
Prince, de vos soupçons la tyrannie est grande:
Au moindre mot qu'il dit, un cœur veut qu'on l'en-
Et n'aime point ces feux dont l'importunité [tende,
Demande qu'on s'explique avec plus de clarté.

Le premier mouvement qui découvre notre ame,
Doit d'un amant discret satisfaire la flamme ;
Et c'est à s'en dédire autoriser nos vœux,
Que vouloir plus avant pousser de tels aveux.
Je ne dis point quel choix, s'il m'était volontaire,
Entre don Sylve et vous mon ame pourrait faire :
Mais vouloir vous contraindre à n'être point jaloux,
Aurait dit quelque chose à tout autre que vous ;
Et je croyais cet ordre un assez doux langage,
Pour n'avoir pas besoin d'en dire davantage.
Cependant votre amour n'est pas encore content ;
Il demande un aveu qui soit plus éclatant ;
Pour l'ôter de scrupule, il me faut, à vous-même,
En des termes exprès, dire que je vous aime ;
Et peut-être qu'encor, pour vous en assurer,
Vous vous obstineriez à m'en faire jurer.

D. GARCIE.

Hé bien ! madame, hé bien ! je suis trop téméraire;
De tout ce qui vous plaît je dois me satisfaire.
Je ne demande point de plus grande clarté ;
Je crois que vous avez pour moi quelque bonté,
Que d'un peu de pitié mon feu vous sollicite,
Et je me vois heureux plus que je ne mérite.
C'en est fait, je renonce à mes soupçons jaloux;
L'arrêt qui les condamne est un arrêt bien doux,
Et je reçois la loi qu'il daigne me prescrire,
Pour affranchir mon cœur de leur injuste empire.

D. ELVIRE.

Vous promettez beaucoup, prince ; et je doute fort
Si vous pourrez sur vous faire ce grand effort.

D. GARCIE.

Ah ! madame ! il suffit, pour me rendre croyable,
Que ce qu'on vous promet doit être inviolable ;
Et que l'heur d'obéir à sa divinité
Ouvre aux plus grands efforts trop de félicité ;
Que le ciel me déclare une éternelle guerre,
Que je tombe à vos pieds d'un éclat de tonnerre ;
Ou, pour périr encor par de plus rudes coups,
Puissé-je voir sur moi fondre votre courroux,

Si jamais mon amour descend à la faiblesse
De manquer au devoir d'une telle promesse,
Si jamais dans mon ame aucun jaloux transport
Fait....

SCENE IV.

DONE ELVIRE, DON GARCIE, DON ALVAR, ELISE;
UN PAGE, *présentant un billet à Done Elvire.*

D. ELVIRE.

J'en étais en peine, et tu m'obliges fort.
Que le courrier attende.

SCENE V.

DONE ELVIRE, DON GARCIE, DON ALVAR, ELISE.

D. ELVIRE, *bas, à part.*

A ces regards qu'il jette,
Vois-je pas que déjà cet écrit l'inquiète?
Prodigieux effet de son tempérament!
(*haut.*)
Qui vous arrête, prince, au milieu du serment?

D. GARCIE.

J'ai cru que vous aviez quelque secret ensemble,
Et je ne voulais pas l'interrompre.

D. ELVIRE.

Il me semble,
Que vous me répondez d'un ton fort altéré.
Je vous vois tout à coup le visage égaré.
Ce changement soudain a lieu de me surprendre:
D'où peut-il provenir? le pourrait-on apprendre?

D. GARCIE.

D'un mal qui tout à coup vient d'attaquer mon cœur.

D. ELVIRE.

Souvent plus qu'on ne croit ces maux ont de rigueur,
Et quelque prompt secours vous serait nécessaire.
Mais encor, dites moi, vous prend-il d'ordinaire?

D. GARCIE.

Parfois.

D. ELVIRE.

Ah! prince faible! Hé bien! par cet écrit,
Guérissez-le, ce mal; il n'est que dans l'esprit.

D. GARCIE.

Par cet écrit, madame? Ah! ma main le refuse!
Je vois votre pensée, et de quoi l'on m'accuse.
Si....

D. ELVIRE.

Lisez-le, vous dis-je, et satisfaites-vous.

D. GARCIE.

Pour me traiter après de faible et de jaloux?
Non, non. Je dois ici vous rendre un témoignage
Qu'à mon cœur cet écrit n'a point donné d'ombrage;
Et, bien que vos bontés m'en laissent le pouvoir,
Pour me justifier, je ne veux point le voir.

D. ELVIRE.

Si vous vous obstinez à cette résistance,
J'aurais tort de vouloir vous faire violence;
Et c'est assez enfin que vous avoir pressé
De voir de quelle main ce billet m'est tracé.

D. GARCIE.

Ma volonté toujours vous doit être soumise:
Si c'est votre plaisir que pour vous je le lise,
Je consens volontiers à prendre cet emploi.

D. ELVIRE.

Oui, oui, prince, tenez, vous le lirez pour moi.

D. GARCIE.

C'est pour vous obéir, au moins, et je puis dire....

D. ELVIRE.

C'est ce que vous voudrez; dépêchez-vous de lire.

D. GARCIE.

Il est de done Ignès, à ce que je connoi.

D. ELVIRE.

Oui. Je m'en réjouis et pour vous et pour moi.

D. GARCIE, *lit.*

« Malgré l'effort d'un long mépris,
» Le tyran toujours m'aime, et, depuis votre absence,
» Vers moi, pour me porter au dessein qu'il a pris,
» Il semble avoir tourné toute sa violence,
  » Dont il poursuivait l'alliance
  » De vous et de son fils.

ACTE I, SCÈNE V.

» Ceux qui sur moi peuvent avoir empire,
» Par de lâches motifs qu'un faux honneur inspire,
  » Approuvent tous cet indigne lien.
» J'ignore encor par où finira mon martyre ;
» Mais je mourrai plutôt que de consentir rien.
    » Puissiez-vous jouir, belle Elvire,
    » D'un destin plus doux que le mien !
              « D. IGNÈS. »

Dans la haute vertu son ame est affermie.

D. ELVIRE.

Je vais faire réponse à cette illustre amie.
Cependant, apprenez, prince, à vous mieux armer
Contre ce qui prend droit de vous trop alarmer.
J'ai calmé votre trouble avec cette lumière,
Et la chose a passé d'une douce manière ;
Mais, à n'en point mentir, il serait des moments
Où je pourrais entrer en d'autres sentiments.

D. GARCIE.

Hé quoi ! vous croyez donc ?...

D. ELVIRE.

            Je crois ce qu'il faut croire.
Adieu. De mes avis conservez la mémoire ;
Et, s'il est vrai pour moi que votre amour soit grand,
Donnez-en à mon cœur les preuves qu'il prétend.

D. GARCIE.

Croyez que désormais c'est toute mon envie,
Et qu'avant d'y manquer je veux perdre la vie.

FIN DU PREMIER ACTE.

ACTE II.

SCÈNE PREMIÈRE.
ÉLISE, DON LOPE.

ÉLISE.
Tout ce que fait le prince, à parler franchement,
N'est pas ce qui me donne un grand étonnement;
Car que d'un noble amour une ame bien saisie,
En pousse les transports jusqu'à la jalousie;
Que de doutes fréquents ses vœux soient traversés;
Il est fort naturel, et je l'approuve assez :
Mais ce qui me surprend, don Lope, c'est d'entendre
Que vous lui préparez les soupçons qu'il doit prendre,
Que votre ame les forme, et qu'il n'est en ces lieux,
Fâcheux que par vos soins, jaloux que par vos yeux.
Encore un coup, don Lope, une ame bien éprise,
Des soupçons qu'elle prend ne me rend point surprise;
Mais qu'on ait sans amour tous les soins d'un jaloux,
C'est une nouveauté qui n'appartient qu'à vous.

D. LOPE.
Que sur cette conduite à son aise l'on glose,
Chacun règle la sienne au but qu'il se propose,
Et, rebuté par vous des soins de mon amour,
Je songe auprès du prince à bien faire ma cour.

ELISE.
Mais savez-vous qu'enfin il fera mal la sienne,
S'il faut qu'en cette humeur votre esprit l'entretienne?

D. LOPE.
Et quand, charmante Elise, a-t-on vu, s'il vous plaît,
Qu'on cherche auprès des grands que son propre intérêt?
Qu'un parfait courtisan veuille charger leur suite
D'un censeur des défauts qu'on trouve en leur conduite?
Et s'aille inquiéter si son discours leur nuit,
Pourvu que sa fortune en tire quelque fruit?

Tout ce qu'on fait ne va qu'à se mettre en leur grace;
Par la plus courte voie on y cherche une place,
Et les plus prompts moyens de gagner leur faveur,
C'est de flatter toujours le faible de leur cœur;
D'applaudir en aveugle à ce qu'ils veulent faire,
Et n'appuyer jamais ce qui peut leur déplaire :
C'est là le vrai secret d'être bien auprès d'eux.
Les utiles conseils font passer pour fâcheux,
Et vous laissent toujours hors de la confidence,
Où vous jette d'abord l'adroite complaisance.
Enfin, on voit partout que l'art des courtisans
Ne tend qu'à profiter des faiblesses des grands,
A nourrir leurs erreurs, et jamais dans leur ame
Ne porter les avis des choses qu'on y blâme.

ELISE.

Ces maximes un temps leur peuvent succéder :
Mais il est des revers qu'on doit appréhender;
Et dans l'esprit des grands, qu'on tâche de surprendre,
Un rayon de lumière à la fin peut descendre,
Qui sur tous ces flatteurs venge équitablement
Ce qu'a fait à leur gloire un long aveuglement.
Cependant je dirai que votre ame s'explique
Un peu bien librement sur votre politique;
Et ces nobles motifs, au prince rapportés,
Serviraient assez mal vos assiduités.

D. LOPE.

Outre que je pourrais désavouer sans blâme
Ces libres vérités sur quoi s'ouvre mon ame,
Je sais fort bien qu'Elise a l'esprit trop discret
Pour aller divulguer cet entretien secret.
Qu'ai-je dit, après tout, que sans moi l'on ne sache?
Et dans mon procédé que faut-il que je cache?
On peut craindre une chute avec quelque raison,
Quand on met en usage ou ruse ou trahison.
Mais qu'ai-je à redouter, moi, qui partout n'avance
Que les soins approuvés d'un peu de complaisance,
Et qui suis seulement par d'utiles leçons
La pente qu'a le prince à de jaloux soupçons?
Son ame semble en vivre, et je mets mon étude
A trouver des raisons à son inquiétude,

A voir de tous côtés s'il se passe rien
A fournir le sujet d'un secret entretien ;
Et quand je puis venir, enflé d'une nouvelle,
Donner à son repos une atteinte mortelle,
C'est lors que plus il m'aime, et je vois sa raison
D'une audience avide avaler ce poison,
Et m'en remercier comme d'une victoire
Qui comblerait ses jours de bonheur et de gloire.
Mais mon rival paraît, je vous laisse tous deux :
Et bien que je renonce à l'espoir de vos vœux,
J'aurais un peu de peine à voir qu'en ma présence
Il reçût des effets de quelque préférence,
Et je veux, si je puis, m'épargner ce souci.

ELISE.

Tout amant de bons sens en doit user ainsi.

SCENE II.

DON ALVAR, ELISE.

D. ALVAR.

Enfin nous apprenons que le roi de Navarre
Pour les désirs du prince aujourd'hui se déclare,
Et qu'un nouveau renfort de troupes nous attend
Pour le fameux service où son amour prétend.
Je suis surpris, pour moi, qu'avec tant de vitesse
On ait fait avancer... Mais...

SCÈNE III.

DON GARCIE, ELISE, DON ALVAR.

D. GARCIE.

Que fait la princesse ?

ELISE.

Quelques lettres, seigneur ; je le présume ainsi ;
Mais elle va savoir que vous êtes ici.

D. GARCIE.

J'attendrai qu'elle ait fait.

SCENE IV.

DON GARCIE, seul.

Près de souffrir sa vue,
D'un trouble tout nouveau je me sens l'âme émue ;

ACTE II, SCENE IV. 19

Et la crainte, mêlée à son ressentiment,
Jette par tout mon cœur un soudain tremblement.
Prince, prends garde au moins qu'un aveugle caprice
Ne te conduise ici dans quelque précipice,
Et que de ton esprit les désordres puissants
Ne donnent un peu trop au rapport de ses sens :
Consulte ta raison, prends sa clarté pour guide ;
Vois si de tes soupçons l'apparence est solide.
Ne démens pas leur voix ; mais aussi garde bien
Que, pour les croire trop, ils ne t'imposent rien ;
Qu'à tes premiers transports ils n'osent trop permettre,
Et relis posément cette moitié de lettre.
Ah ! qu'est-ce que mon cœur, trop digne de pitié,
Ne voudrait pas donner pour son autre moitié !
Mais, après tout, que dis-je ? Il suffit bien de l'une,
Et n'en voilà que trop pour voir mon infortune.

« Quoique votre rival...
« Vous devez toutefois vous...
« Et vous avez en vous à...
« L'obstacle le plus grand...

« Je chéris tendrement ce...
« Pour me tirer des mains de...
« Son amour, ses devoirs...
« Mais il m'est odieux avec...

« Otez donc à vos feux ce...
« Méritez les regards que l'on...
« Et lorsqu'on vous oblige...
« Ne vous obstinez point à... »

Oui, mon sort par ces mots est assez éclairci ;
Son cœur, comme sa main, se fait connaître ici ;
Et les sens imparfaits de cet écrit funeste,
Pour s'expliquer à moi, n'ont pas besoin du reste.
Toutefois dans l'abord agissons doucement,
Couvrons à l'infidèle un vif ressentiment ;
Et, de ce que je tiens ne donnant point d'indice,
Confondons son esprit par son propre artifice.
La voici. Ma raison, renferme mes transports,
Et rends-toi pour un temps maîtresse du dehors.

SCENE V.

DONE ELVIRE, DON GARCIE.

D. ELVIRE.

Vous avez bien voulu que je vous fisse attendre?

D. GARCIE, *bas, à part.*

Ah! qu'elle cache bien...

D. ELVIRE.

On vient de nous apprendre
Que le roi votre père approuve vos projets,
Et veut bien que son fils nous rende nos sujets;
Et mon ame en a pris une allégresse extrême.

D. GARCIE.

Oui, madame, et mon cœur s'en réjouit de même;
Mais...

D. ELVIRE.

Le tyran sans doute aura peine à parer
Les foudres que partout il entend murmurer;
Et j'ose me flatter que le même courage
Qui put bien me soustraire à sa brutale rage,
Et, dans les murs d'Astorgue arraché de ses mains,
Me faire un sûr asile à braver ses desseins,
Pourra, de tout Léon achever la conquête,
Sous ses nobles efforts faire choir cette tête.

D. GARCIE.

Le succès en pourra parler dans quelques jours.
Mais, de grace, passons à quelque autre discours.
Puis-je, sans trop oser, vous prier de me dire
A qui vous avez pris, madame, soin d'écrire,
Depuis que le destin nous a conduits ici?

D. ELVIRE.

Pourquoi cette demande, et d'où vient ce souci?

D. GARCIE.

D'un désir curieux de pure fantaisie.

D. ELVIRE.

La curiosité naît de la jalousie.

D. GARCIE.

Non, ce n'est rien du tout de ce que vous pensez;
Vos ordres de ce mal me défendent assez.

D. ELVIRE.

Sans chercher plus avant quel intérêt vous presse,
J'ai deux fois à Léon écrit à la comtesse,
Et deux fois au marquis don Louis à Burgos.
Avec cette réponse êtes-vous en repos?

D. GARCIE.

Vous n'avez point écrit à quelque autre personne,
Madame?

D. ELVIRE.

Non, sans doute, et ce discours m'étonne,

D. GARCIE.

De grâce, songez bien avant que d'assurer.
En manquant de mémoire on peut se parjurer.

D. ELVIRE.

Ma bouche, sur ce point, ne peut être parjure,

D. GARCIE.

Elle a dit toutefois une haute imposture.

D. ELVIRE.

Prince!

D. GARCIE.

Madame!

D. ELVIRE.

O ciel! quel est ce mouvement?
Avez-vous, dites-moi, perdu le jugement?

D. GARCIE.

Oui, oui, je l'ai perdu, lorsque dans votre vue
J'ai pris, pour mon malheur, le poison qui me tue,
Et que j'ai cru trouver quelque sincérité
Dans les traîtres appas dont je suis enchanté.

D. ELVIRE.

De quelle trahison pouvez-vous donc vous plaindre?

D. GARCIE.

Ah! que ce cœur est double, et sait bien l'art de feindre!
Mais tous moyens de fuir lui vont être soustraits.
Jetez ici les yeux, et connaissez vos traits:
Sans avoir vu le reste, il m'est assez facile
De découvrir pour qui vous employez ce style.

D. ELVIRE

Voilà donc le sujet qui vous trouble l'esprit?

D. GARCIE.

Vous ne rougissez pas en voyant cet écrit?

D. ELVIRE.
L'innocence à rougir n'est point accoutumée.
D. GARCIE.
Il est vrai qu'en ces lieux on la voit opprimée.
Ce billet démenti pour n'avoir point de seing...
D. ELVIRE.
Pourquoi le démentir, puisqu'il est de ma main?
D. GARCIE.
Encore est-ce beaucoup que, de franchise pure,
Vous demeuriez d'accord que c'est votre écriture :
Mais ce sera, sans doute, et j'en serais garant,
Un billet qu'on envoie à quelque indifférent ;
Ou du moins, ce qu'il a de tendresse évidente,
Sera pour une amie, ou pour quelque parente.
D. ELVIRE.
Non, c'est pour un amant que ma main l'a formé :
Et, j'ajoute de plus, pour un amant aimé.
D. GARCIE.
Et je puis! ô perfide!...
D. ELVIRE.
      Arrêtez, prince indigne,
De ce lâche transport l'égarement insigne.
Bien que de vous mon cœur ne prenne point de loi,
Et ne doive en ces lieux aucun compte qu'à soi,
Je veux bien me purger, pour votre seul supplice,
Du crime que m'impose un insolent caprice.
Vous serez éclairci, n'en doutez nullement.
J'ai ma défense prête en ce même moment.
Vous allez recevoir une pleine lumière.
Mon innocence ici paraîtra tout entière ;
Et je veux, vous mettant juge en votre intérêt,
Vous faire prononcer vous-même votre arrêt.
D. GARCIE.
Ce sont propos obscurs qu'on ne saurait comprendre.
D. ELVIRE.
Bientôt à vos dépens vous me pourrez entendre.
Élise, holà.

SCÈNE VI.
DON GARCIE, DONE ELVIRE, ELISE.
ELISE.
Madame.

ACTE II, SCENE VI.

D. ELVIRE, *à D. Garcie.*

                      Observez bien au moins
Si j'ose à vous tromper employer quelques soins;
Si, par un seul coup d'œil, ou geste qui l'instruise,
Je cherche de ce coup à parer la surprise.
    (*à Elise.*)
Le billet que tantôt ma main avait tracé,
Répondez promptement, où l'avez vous laissé?

ELISE.

Madame, j'ai sujet de m'avouer coupable.
Je ne sais comme il est demeuré sur ma table ;
Mais on vient de m'apprendre en ce même moment
Que don Lope, venant dans mon appartement,
Par une liberté qu'on lui voit se permettre,
A fureté partout, et trouvé cette lettre.
Comme il la dépliait, Léonor a voulu
S'en saisir promptement avant qu'il eût rien lu ;
Et, se jetant sur lui, la lettre contestée
En deux justes moitiés dans leurs mains est restée ;
Et don Lope, aussitôt prenant un prompt essor,
A dérobé la sienne aux soins de Léonor.

D. ELVIRE.

Avez-vous ici l'autre?

ELISE.

                    Oui, la voilà, madame.

D. ELVIRE.

    (*à don Garcie*).
Donnez. Nous allons voir qui mérite le blâme.
Avec votre moitié rassemblez celle-ci,
Lisez, et hautement; je veux l'entendre aussi.

D. GARCIE.

Au prince don Garcie. Ah!

D. ELVIRE.

                    Achevez de lire,
Votre ame pour ce mot ne doit point s'interdire.

D. GARCIE *lit.*

« Quoique votre rival, prince, alarme votre ame,
« Vous devez toutefois vous craindre plus que lui ;
« Et vous avez en vous à détruire aujourd'hui
« L'obstacle le plus grand que trouve votre flamme.

« Je chéris tendrement ce qu'a fait don Garcie,
« Pour me tirer des mains de mes fiers ravisseurs ;
« Son amour, ses devoirs, ont pour moi des douceurs;
« Mais il m'est odieux avec sa jalousie.

« Otez donc à vos feux ce qu'ils en font paraître,
« Méritez les regards que l'on jette sur eux ;
« Et, lorsqu'on vous oblige à vous tenir heureux,
« Ne vous obstinez point à ne pas vouloir l'être. »

D. ELVIRE.
Hé bien ! que dites-vous ?
D. GARCIE.
     Ah ! madame ! je dis
Qu'à cet objet mes sens demeurent interdits;
Que je vois dans ma plainte une horrible injustice,
Et qu'il n'est point pour moi d'assez cruel supplice.

D. ELVIRE.
Il suffit. Apprenez que si j'ai souhaité
Qu'à vos yeux cet écrit pût être présenté,
C'est pour le démentir, et cent fois me dédire
De tout ce que pour vous vous y venez de lire.
Adieu, prince.

D. GARCIE.
   Madame, hélas ? où fuyez-vous ?

D. ELVIRE.
Où vous ne serez point, trop odieux jaloux.

D. GARCIE.
Ah ! madame, excusez un amant misérable,
Qu'un sort prodigieux a fait vers vous coupable,
Et qui, bien qu'il vous cause un courroux si puissant,
Eût été plus blâmable à rester innocent.
Car enfin, peut-il être une ame bien atteinte
Dont l'espoir le plus doux ne soit mêlé de crainte ?
Et pourriez-vous penser que mon cœur eût aimé,
Si ce billet fatal ne l'eût point alarmé;
S'il n'avait point frémi des coups de cette foudre
Dont je me figurais tout mon bonheur en poudre ?
Vous-même, dites-moi si cet évènement
N'eût pas dans mon erreur jeté tout autre amant ;

Si d'une preuve, hélas! qui me semblait si claire,
Je pouvais démentir...

D. ELVIRE.

Oui, vous le pouviez faire;
Et dans mes sentiments, assez bien déclarés,
Vos doutes rencontraient des garants assurés :
Vous n'aviez rien à craindre ; et d'autres, sur ce gage,
Auraient du monde entier bravé le témoignage.

D. GARCIE.

Moins on mérite un bien qu'on nous fait espérer,
Plus notre ame a de peine à pouvoir s'assurer.
Un sort trop plein de gloire à nos yeux est fragile,
Et nous laisse aux soupçons une pente facile.
Pour moi, qui crois si peu mériter vos bontés,
J'ai douté du bonheur de mes témérités ;
J'ai cru que dans ces lieux rangés sous ma puissance,
Votre ame se forçait à quelque complaisance :
Que, déguisant pour moi votre sévérité...

D. ELVIRE.

Et je pourrais descendre à cette lâcheté?
Moi, prendre le parti d'une honteuse feinte!
Agir par les motifs d'une servile crainte!
Trahir mes sentiments! et, pour être en vos mains,
D'un masque de faveur vous couvrir mes dédains?
La gloire sur mon cœur aurait si peu d'empire!
Vous pouvez le penser, et vous me l'osez dire?
Apprenez que ce cœur ne sait point s'abaisser;
Qu'il n'est rien sous les cieux qui puisse l'y forcer;
Et, s'il vous a fait voir, par une erreur insigne,
Des marques de bonté dont vous n'étiez pas digne,
Qu'il saura bien montrer, malgré votre pouvoir,
La haine que pour vous il se résout d'avoir;
Braver votre furie, et vous faire connaître
Qu'il n'a point été lâche, et ne veut jamais l'être.

D. GARCIE.

Eh bien! je suis coupable, et ne m'en défends pas;
Mais je demande grace à vos divins appas;
Je la demande au nom de la plus vive flamme
Dont jamais deux beaux yeux aient fait brûler une ame.

Que, si votre courroux ne peut être apaisé,
Si mon crime est trop grand pour se voir excusé,
Si vous ne regardez ni l'amour qui le cause,
Ni le vif repentir que mon cœur vous expose,
Il faut qu'un coup heureux, en me faisant mourir,
M'arrache à des tourments que je ne puis souffrir.
Non, ne présumez pas qu'ayant su vous déplaire,
Je puisse vivre une heure avec votre colère.
Déjà de ce moment la barbare longueur
Sous ses cuisants remords fait succomber mon cœur,
Et de mille vautours les blessures cruelles
N'ont rien de comparable à ses douleurs mortelles.
Madame, vous n'avez qu'à me le déclarer,
S'il n'est point de pardon que je doive espérer,
Cette épée aussitôt, par un coup favorable,
Va percer, à vos yeux, le cœur d'un misérable ;
Ce cœur, ce traître cœur, dont les perplexités
Ont si fort outragé vos extrêmes bontés :
Trop heureux, en mourant, si ce coup légitime
Efface en votre esprit l'image de mon crime,
Et ne laisse aucuns traits de votre aversion :
Au faible souvenir de mon affection !
C'est l'unique faveur que demande ma flamme.

D. ELVIRE.

Ah ! prince trop cruel !

D. GARCIE.

Dites, parlez, madame.

D. ELVIRE.

Faut-il encor pour vous conserver des bontés,
Et vous voir m'outrager par tant d'indignités ?

D. GARCIE.

Un cœur ne peut jamais outrager quand il aime ;
Et ce que fait l'amour, il l'excuse lui-même.

D. ELVIRE.

L'amour n'excuse point de tels emportements.

D. GARCIE.

Tout ce qu'il a d'ardeur passe en ses mouvements ;
Et plus il devient fort, plus il trouve de peine...

D. ELVIRE.

Non, ne m'en parlez point, vous méritez ma haine,

ACTE II, SCENE VII.

D. GARCIE.
Vous me haïssez donc ?
D. ELVIRE.
J'y veux tâcher, au moins.
Mais, hélas ! je crains bien que j'y perde mes soins,
Et que tout le courroux qu'excite votre offense,
Ne puisse jusque-là faire aller ma vengeance.
D. GARCIE.
D'un supplice si grand ne tentez point l'effort,
Puisque pour vous venger je vous offre ma mort ;
Prononcez-en l'arrêt, et j'obéis sur l'heure.
D. ELVIRE.
Qui ne saurait haïr ne peut vouloir qu'on meure.
D. GARCIE.
Et moi, je ne puis vivre, à moins que vos bontés
Accordent un pardon à mes témérités.
Résolvez l'un des deux, de punir, ou d'absoudre.
D. ELVIRE.
Hélas ! j'ai trop fait voir ce que je puis résoudre.
Par l'aveu d'un pardon, n'est-ce pas se trahir,
Que dire au criminel qu'on ne le peut haïr ?
D. GARCIE.
Ah ! c'en est trop ; souffrez, adorable princesse...
D. ELVIRE.
Laissez ; je me veux mal d'une telle faiblesse.
D. GARCIE, *seul*.
Enfin je suis...

SCÈNE VII.

DON GARCIE, DON LOPE.

D. LOPE.
Seigneur, je viens vous informer
D'un secret dont vos feux ont droit de s'alarmer.
D. GARCIE.
Ne me viens point parler de secret ni d'alarme
Dans les doux mouvements du transport qui me charme.
Après ce qu'à mes yeux on vient de présenter,
Il n'est point de soupçons que je doive écouter ;
Et d'un divin objet la bonté sans pareille
À tous ces vains rapports doit fermer mon oreille :
Ne m'en fais plus.

D. LOPE.

Seigneur, je veux ce qu'il vous plaît ;
Mes soins en tout ceci n'ont que votre intérêt.
J'ai cru que le secret que je viens de surprendre,
Méritait bien qu'en hâte on vous le vînt apprendre :
Mais puisque vous voulez que je n'en touche rien,
Je vous dirai, seigneur, pour changer d'entretien,
Que déjà dans Léon on voit chaque famille
Lever le masque au bruit des troupes de Castille,
Et que surtout le peuple y fait pour son vrai roi
Un éclat à donner au tyran de l'effroi.

D. GARCIE.

La Castille du moins n'aura pas la victoire,
Sans que nous essayions d'en partager la gloire ;
Et nos troupes aussi peuvent être en état
D'imprimer quelque crainte au cœur de Maurégat.
Mais quel est ce secret dont tu voulais m'instruire ?
Voyons un peu.

D. LOPE.

Seigneur, je n'ai rien à vous dire

D. GARCIE.

Va, va, parle, mon cœur t'en donne le pouvoir.

D. LOPE.

Vos paroles, seigneur, m'en ont trop fait savoir ;
Et, puisque mes avis ont de quoi vous déplaire,
Je saurai désormais trouver l'art de me taire.

D. GARCIE.

Enfin, je veux savoir la chose absolument.

D. LOPE.

Je ne réplique point à ce commandement.
Mais, seigneur, en ce lieu le devoir de mon zèle
Trahirait le secret d'une telle nouvelle.
Sortons pour vous l'apprendre ; et sans rien embrass
Vous même vous verrez ce qu'on en doit penser.

FIN DU DEUXIÈME ACTE.

ACTE III.

SCÈNE PREMIÈRE.

DONE ELVIRE, ÉLISE.

D. ELVIRE.

Elise, que dis-tu de l'étrange faiblesse
Que vient de témoigner le cœur d'une princesse?
Que dis-tu de me voir tomber si promptement
De toute la chaleur de mon ressentiment?
Et, malgré tant d'éclat, relâcher mon courage
Au pardon trop honteux d'un si cruel outrage?

ELISE.

Moi, je dis que d'un cœur que nous pouvons chérir,
Une injure sans doute est bien dure à souffrir;
Mais que, s'il n'en est point qui davantage irrite,
Il n'en est point aussi qu'on pardonne si vite,
Et qu'un coupable aimé triomphe à vos genoux
De tous les prompts transports du plus bouillant cour-
D'autant plus aisément, madame, quand l'offense |roux,
Dans un excès d'amour peut trouver sa naissance.
Ainsi, quelque dépit que l'on vous ait causé,
Je ne m'étonne point de le voir apaisé;
Et je sais quel pouvoir, malgré votre menace,
A de pareils forfaits donnera toujours grâce.

D. ELVIRE.

Ah! sache, quelque ardeur qui m'impose des lois,
Que mon front a rougi pour la dernière fois;
Et que, si désormais on pousse ma colère,
Il n'est point de retour qu'il faille qu'on espère
Quand je pourrais reprendre un tendre sentiment,
C'est assez contre lui que l'éclat d'un serment:
Car enfin, un esprit qu'un peu d'orgueil inspire,
Trouve beaucoup de honte à se pouvoir dédire;

Et souvent, aux dépens d'un pénible combat,
Fait sur ses propres vœux un illustre attentat,
S'obstine par honneur, et n'a rien qu'il n'immole
A la noble fierté de tenir sa parole.
Ainsi, dans le pardon que l'on vient d'obtenir,
Ne prends point de clartés pour régler l'avenir;
Et, quoi qu'à mes destins la fortune prépare,
Crois que je ne puis être au prince de Navarre,
Que de ces noirs accès qui troublent sa raison,
Il n'ait fait éclater l'entière guérison,
Et réduit tout mon cœur, que ce mal persécute,
A n'en plus redouter l'affront d'une rechute.

ELISE.

Mais quel affront nous fait le transport d'un jaloux?

D. ELVIRE.

En est-il un qui soit plus digne de courroux?
Et, puisque notre cœur fait un effort extrême
Lorsqu'il se peut résoudre à confesser qu'il aime,
Puisque l'honneur du sexe, en tout temps rigoureux,
Oppose un fort obstacle à de pareils aveux,
L'amant qui voit pour lui franchir un tel obstacle,
Doit-il impunément douter de cet oracle?
Et n'est-il pas coupable, alors qu'il ne croit pas
Ce qu'on ne dit jamais qu'après de grands combats?

ELISE.

Moi, je tiens que toujours un peu de défiance
En ces occasions n'a rien qui nous offense;
Et qu'il est dangereux qu'un cœur qu'on a charmé
Soit trop persuadé, madame, d'être aimé:
Si....

D. ELVIRE.

N'en disputons plus. Chacun a sa pensée.
C'est un scrupule enfin dont mon âme est blessée;
Et, contre mes désirs, je sens je ne sais quoi
Me prédire un éclat entre le prince et moi,
Qui, malgré ce qu'on doit aux vertus dont il brille...
Mais, ô ciel! en ces lieux don Sylve de Castille!

SCÈNE II.

DONE ELVIRE, DON ALPHONSE, cru don Sylve; ÉLISE.

D. ELVIRE.
Ah! seigneur, par quel sort vous vois-je maintenant?
D. ALPHONSE.
Je sais que mon abord, madame, est surprenant,
Et qu'être sans éclat entré dans cette ville,
Dont l'ordre d'un rival rend l'accès difficile;
Qu'avoir pu me soustraire aux yeux de ses soldats,
C'est un évènement que vous n'attendiez pas.
Mais si j'ai dans ces lieux franchi quelques obstacles,
L'ardeur de vous revoir peut bien d'autres miracles;
Tout mon cœur a senti par de trop rudes coups
Le rigoureux destin d'être éloigné de vous,
Et je n'ai pu nier au tourment qui le tue,
Quelques moments secrets d'une si chère vue.
Je viens vous dire donc que je rends grace aux cieux
De vous voir hors des mains d'un tyran odieux:
Mais parmi les douceurs d'une telle aventure,
Ce qui m'est un sujet d'éternelle torture,
C'est de voir qu'à mon bras les rigueurs de mon sort
Ont envié l'honneur de cet illustre effort,
Et fait à mon rival, avec trop d'injustice,
Offrir les doux périls d'un si fameux service.
Oui, madame, j'avais, pour rompre vos liens,
Des sentiments sans doute aussi beaux que les siens;
Et je pouvais, pour vous, gagner cette victoire,
Si le ciel n'eût voulu m'en dérober la gloire.
D. ELVIRE.
Je sais, seigneur, je sais que vous avez un cœur
Qui des plus grands périls vous peut rendre vainqueur;
Et je ne doute point que ce généreux zèle,
Dont la chaleur vous pousse à venger ma querelle,
N'eût, contre les efforts d'un indigne projet,
Pu faire en ma faveur tout ce qu'un autre a fait.

Mais, sans cette action dont vous étiez capable,
Mon sort à la Castille est assez redevable;
On sait ce qu'en ami plein d'ardeur et de foi
Le comte votre père a fait pour le feu roi.
Après l'avoir aidé jusqu'à l'heure dernière,
Il donne en ses états un asyle à mon frère;
Quatre lustres entiers il y cache son sort
Aux barbares fureurs de quelque lâche effort,
Et, pour rendre à son front l'éclat d'une couronne,
Contre nos ravisseurs vous marchez en personne.
N'êtes-vous pas content? Et ces soins généreux
Ne m'attachent-ils point par d'assez puissants nœuds?
Quoi! votre ame, seigneur, serait-elle obstinée
A vouloir asservir toute ma destinée?
Et faut-il que jamais il ne tombe sur nous
L'ombre d'un seul bienfait, qu'il ne vienne de vous!
Ah! souffrez, dans les maux où mon destin m'expose
Qu'aux soins d'un autre aussi je doive quelque chose
Et ne vous plaignez point de voir un autre bras
Acquérir de la gloire où la vôtre n'est pas.

D. ALPHONSE.

Oui, madame, mon cœur doit cesser de s'en plaindre
Avec trop de raison vous voulez m'y contraindre,
Et c'est injustement qu'on se plaint d'un malheur,
Quand un autre plus grand s'offre à notre douleur.
Ce secours d'un rival m'est un cruel martyre;
Mais, hélas! de mes maux ce n'est pas là le pire:
Le coup, le rude coup dont je suis atterré,
C'est de me voir par vous ce rival préféré.
Oui, je ne vois que trop que ces feux pleins de gloire,
Sur les miens dans votre ame emportent la victoire;
Et cette occasion de servir vos appas
Cet avantage offert de signaler mon bras,
Cet éclatant exploit qui vous fut salutaire,
N'est que le pur effet du bonheur de vous plaire;
Que le secret pouvoir d'un astre merveilleux,
Qui fait tomber la gloire où s'attachent vos veux.
Ainsi, tous mes efforts ne seront que fumée.
Contre vos fiers tyrans je conduis une armée:

Mais je marche en tremblant à cet illustre emploi,
Assuré que vos vœux ne seront pas pour moi;
Et que, s'ils sont suivis, la fortune prépare
L'heur des plus beaux succès aux soins de la Navarre.
Ah! madame, faut-il me voir précipité
De l'espoir glorieux dont je m'étais flatté!
Et ne puis-je savoir quels crimes on m'impute,
Pour avoir mérité cette effroyable chute?

D. ELVIRE.

Ne me demandez rien avant que regarder
Ce qu'à mes sentiments vous devez demander,
Et, sur cette froideur qui semble vous confondre,
Répondez-vous, seigneur, ce que je puis répondre :
Car enfin tous vos soins ne sauraient ignorer
Quels secrets de votre ame on m'a su declarer ;
Et je la crois, cette ame, et trop noble et trop haute,
Pour vouloir m'obliger à commettre une faute.
Vous-même, dites-vous s'il est de l'équité
De me voir couronner une infidelité ;
Si vous pouviez m'offrir, sans beaucoup d'injustice,
Un cœur à d'autres yeux offert en sacrifice,
Vous plaindre avec raison, et blâmer mes refus,
Lorsqu'ils veulent d'un crime affranchir vos vertus;
Oui, seigneur, c'est un crime, et les premières flam-
Ont des droits si sacrés sur les illustres ames,   [mes
Qu'il faut perdre grandeur, et renoncer au jour,
Plutôt que de pencher vers un second amour.
J'ai pour vous cette ardeur que peut prendre l'estime
Pour un courage haut, pour un cœur magnanime ;
Mais n'exigez de moi que ce que je vous dois,
Et soutenez l'honneur de votre premier choix.
Malgré vos feux nouveaux, voyez quelle tendresse
Vous conserve le cœur de l'aimable comtesse.
Ce que pour un ingrat, car vous l'êtes seigneur,
Elle a d'un choix constant refusé de bonheur!
Quel mépris généreux, dans son ardeur extrême,
Elle a fait de l'éclat que donne un diadême!
Voyez combien d'efforts pour vous elle a bravés,
Et rendez à son cœur ce que vous lui devez.

D. ALPHONSE.

Ah! madame, à mes yeux n'offrez point son mérite :
Il n'est que trop présent à l'ingrat qui la quitte ;
Et si mon cœur vous dit ce que pour elle il sent,
J'ai peur qu'il ne soit pas envers vous innocent.
Oui, ce cœur l'ose plaindre, et ne suit pas sans peine
L'impérieux effort de l'amour qui l'entraîne ;
Aucun espoir pour vous n'a flatté mes désirs,
Qui ne m'ait arraché pour elle des soupirs ;
Qui n'ait dans ses douceurs fait jeter à mon ame
Quelques tristes regards vers sa première flamme ;
Se reprocher l'effet de vos divins attraits,
Et mêler des remords à mes plus chers souhaits.
J'ai fait plus que cela, puisqu'il vous faut tout dire,
Oui, j'ai voulu sur moi vous ôter votre empire,
Sortir de votre chaîne, et rejeter mon cœur
Sous le joug innocent de son premier vainqueur.
Mais, après mes efforts, ma constance abattue
Voit un cours nécessaire à ce mal qui me tue ;
Et, dût être mon sort à jamais malheureux,
Je ne puis renoncer à l'espoir de mes vœux.
Je ne saurais souffrir l'épouvantable idée
De vous voir par un autre à mes yeux possédée ;
Et le flambeau du jour, qui m'offre vos appas,
Doit avant cet hymen éclairer mon trépas.
Je sais que je trahis une princesse aimable ;
Mais, madame, après tout, mon cœur est-il coupable ?
Et le fort ascendant que prend votre beauté,
Laisse-t-il aux esprits aucune liberté ?
Hélas! je suis ici bien plus à plaindre qu'elle ;
Son cœur, en me perdant, ne perd qu'un infidèle ;
D'un pareil déplaisir on se peut consoler :
Mais moi, par un malheur, qui ne peut s'égaler,
J'ai celui de quitter une aimable personne,
Et tous les maux encor que mon amour me donne.

D. ELVIRE.

Vous n'avez que les maux que vous voulez avoir,
Et toujours notre cœur est en notre pouvoir.
Il peut bien quelquefois montrer quelque faiblesse ;
Mais enfin sur nos sens la raison est maîtresse.

SCENE III.

DON GARCIE, DONE ELVIRE, DON ALPHONSE
cru D. Sylve.

D. GARCIE.

Madame, mon abord, comme je connais bien,
Assez mal à propos trouble votre entretien ;
Et mes pas en ce lieu, s'il faut que je le die,
Ne croyaient pas trouver si bonne compagnie.

D. ELVIRE.

Cette vue, en effet, surprend au dernier point ;
Et, de même que vous, je ne l'attendais point.

D. GARCIE.

Oui, madame, je crois, que de cette visite,
Comme vous l'assurez, vous n'étiez point instruite.
    (*à don Sylve.*)
Mais, seigneur, vous deviez au moins nous faire l'hon-
De nous donner avis de ce rare bonheur,   [neur,
Et nous mettre en état, sans vouloir nous surprendre,
De vous rendre en ces lieux ce qu'on voudrait vous

D. ALPHONSE.   [rendre.

Les héroïques soins vous occupent si fort,
Que de vous en tirer, seigneur, j'aurais eu tort ;
Et des grands conquérants les sublimes pensées
Sont aux civilités avec peine abaissées.

D. GARCIE.

Mais les grands conquérants, dont on vante les soins,
Loin d'aimer le secret, affectent les témoins :
Leur âme, dès l'enfance à la gloire élevée,
Les fait dans leurs projets aller tête levée ;
Et, s'appuyant toujours sur de hauts sentiments,
Ne s'abaisse jamais à des déguisements.
Ne commettez-vous point vos vertus héroïques,
En passant dans ces lieux par de sourdes pratiques ;
Et ne craignez-vous point qu'on puisse, aux yeux de
Trouver cette action trop indigne de vous ?   [tous

D. ALPHONSE.

Je ne sais si quelqu'un blâmera ma conduite,
Au secret que j'ai fait d'une telle visite ;

Mais je sais qu'aux projets qui veulent la clarté,
Prince, je n'ai jamais cherché l'obscurité :
Et, quand j'aurais sur vous à faire une entreprise,
Vous n'aurez pas sujet de blâmer la surprise ;
Il ne tiendra qu'à vous de vous en garantir,
Et l'on prendra le soin de vous en avertir.
Cependant demeurons aux termes ordinaires,
Remettons nos débats après d'autres affaires :
Et, d'un sang un peu chaud réprimant les bouillons,
N'oublions pas tous deux devant qui nous parlons

    D. ELVIRE, *à don Garcie.*

Prince, vous avez tort ; et sa visite est telle
Que vous....

    D. GARCIE.

    Ah ! c'én est trop que prendre sa querelle,
Madame, et votre esprit devrait feindre un peu mieux,
Lorsqu'il veut ignorer sa venue en ces lieux.
Cette chaleur si prompte à vouloir la défendre,
Persuade assez mal qu'elle ait pu vous surprendre.

    D. ELVIRE.

Quoi que vous soupçonniez, il importe si peu,
Que j'aurais du regret d'en faire un désaveu.

    D. GARCIE.

Poussez donc jusqu'au bout cet orgueil héroïque,
Et que, sans hésiter, tout votre cœur s'explique ;
C'est au déguisement donner trop de crédit,
Ne désavouez rien, puisque vous l'avez dit.
Tranchez, tranchez le mot, forcez toute contrainte ;
Dites que de ses feux vous ressentez l'atteinte,
Que pour vous sa présence a des charmes si doux...

    D. ELVIRE.

Et si je veux l'aimer, m'en empêcherez-vous ?
Avez-vous sur mon cœur quelque empire à prétendre ?
Et pour régler mes vœux, ai-je votre ordre à prendre ?
Sachez que trop d'orgueil a pu vous décevoir,
Si votre cœur sur moi s'est cru quelque pouvoir,
Et que mes sentiments sont d'une ame trop grande
Pour vouloir les cacher lorsqu'on me les demande.
Je ne vous dirai point si le comte est aimé :
Mais apprenez de moi qu'il est fort estimé ;

Que ses hautes vertus, pour qui je m'intéresse,
Méritent mieux que vous les vœux d'une princesse ;
Que je garde aux ardeurs, aux soins qu'il me fait voir,
Tout le ressentiment qu'une ame puisse avoir ;
Et que, si des destins la fatale puissance
M'ôte la liberté d'être sa récompense,
Au moins est-il en moi de promettre à ses vœux,
Qu'on ne me verra point le butin de vos feux.
Et, sans vous amuser d'une atteinte frivole,
C'est à quoi je m'engage, et je tiendrai parole.
Voilà mon cœur ouvert, puisque vous le voulez,
Et mes vrais sentiments à vos yeux étalés.
Etes-vous satisfait ? Et mon ame attaquée
S'est-elle, à votre avis, assez bien expliquée ?
Voyez, pour vous ôter tout lieu de soupçonner,
S'il reste quelque jour encore à vous donner.
　　　(à don Sylve.)
Cependant, si vos soins s'attachent à me plaire,
Songez que votre bras, comte, m'est nécessaire ;
Et, d'un capricieux quels que soient les transports,
Qu'à punir nos tyrans il doit tous ses efforts.
Fermez l'oreille enfin à toute sa furie,
Et pour vous y porter, c'est moi qui vous en prie.

SCENE IV.

DON GARCIE, DON ALPHONSE cru DON SYLVE.

D. GARCIE.

Tout vous rit, et votre ame en cette occasion
Jouit superbement de ma confusion.
Il vous est doux de voir un aveu plein de gloire,
Sur les feux d'un rival marquer votre victoire :
Mais c'est à votre joie un surcroît sans égal,
D'en avoir pour témoins les yeux de ce rival ;
Et mes prétentions hautement étouffées,
A vos vœux triomphants sont d'illustres trophées.
Goûtez à pleins transports ce bonheur éclatant :
Mais sachez qu'on n'est pas encore où l'on prétend.
La fureur qui m'anime a de trop justes causes,
Et l'on verra peut-être arriver bien des choses.

Un désespoir va loin quand il est échappé,
Et tout est pardonnable à qui se voit trompé.
Si l'ingrate à mes yeux, pour flatter votre flamme,
A jamais n'être à moi vient d'engager son ame,
Je saurai bien trouver, dans mon juste courroux,
Les moyens d'empêcher qu'elle ne soit à vous.

D. ALPHONSE.

Cet obstacle n'est pas ce qui me met en peine.
Nous verrons quelle atteinte en tout cas sera vaine;
Et chacun, de ses feux, pourra, par sa valeur,
Ou défendre la gloire, ou venger le malheur.
Mais comme, entre rivaux, l'ame la plus posée
A des termes d'aigreur trouve une pente aisée;
Et que je ne veux pas qu'un pareil entretien
Puisse trop échauffer votre esprit et le mien,
Prince, affranchissez-moi d'une gêne secrète,
Et me donnez moyen de faire ma retraite.

D. GARCIE.

Non, non, ne craignez point qu'on pousse votre espr
A violer ici l'ordre qu'on vous prescrit.
Quelque juste fureur qui me presse et vous flatte,
Je sais, comte, je sais quand il faut qu'elle éclate.
Ces lieux vous sont ouverts; oui, sortez-en, sortez
Glorieux des douceurs que vous en remportez.
Mais, encore une fois, apprenez que ma tête
Peut seule dans vos mains mettre votre conquête;

D. ALPHONSE.

Quand nous en serons là, le sort en notre bras
De tous nos intérêts videra les débats.

FIN DU TROISIÈME ACTE.

ACTE IV.

SCENE PREMIÈRE.

DONE ELVIRE, DON ALVAR.

D. ELVIRE.

Retournez, don Alvar, et perdez l'espérance
De me persuader l'oubli de cette offense.
Cette plaie en mon cœur ne saurait se guérir,
Et les soins qu'on en prend ne font rien que l'aigrir.
A quelques faux respects croit-il que je défère ?
Non, non : il a poussé trop avant ma colère ;
Et son vain repentir qui porte ici vos pas,
Sollicite un pardon que vous n'obtiendrez pas.

D. ALVAR.

Madame, il fait pitié. Jamais cœur, que je pense,
Par un plus vif remords n'expia son offense ;
Et, si dans sa douleur vous le considériez,
Il toucherait votre ame, et vous l'excuseriez.
On sait bien que le prince est dans un âge à suivre
Les premiers mouvements où son ame se livre,
Et qu'en un sang bouillant, toutes les passions
Ne laissent guère place à des réflexions.
Don Lope, prévenu d'une fausse lumière,
De l'erreur de son maître a fourni la matière.
Un bruit assez confus, dont le zèle indiscret
A de l'abord du comte éventé le secret,
[V]ous avait mise aussi de cette intelligence,
Qui, dans ces lieux gardés, a donné sa présence.
[L]e prince a cru l'avis, et son amour séduit
[S]ur une fausse alarme a fait tout ce grand bruit ;
[M]ais d'une telle erreur son ame est revenue :
[V]otre innocence enfin lui vient d'être connue,

Et don Lope, qu'il chasse, est un visible effet
Du vif remords qu'il sent de l'éclat qu'il a fait.
D. ELVIRE.
Ah ! c'est trop promptement qu'il croit mon innocence,
Il n'en a pas encore une entière assurance :
Dites-lui, dites-lui qu'il doit bien tout peser,
Et ne se hâter point, de peur de s'abuser.
D. ALVAR.
Madame, il sait trop bien...
D. ELVIRE.
Mais, don Alvar, de grace
N'étendons pas plus loin un discours qui me lasse ;
Il réveille un chagrin qui vient à contretemps,
En troubler dans mon cœur d'autres plus importants
Oui, d'un trop grand malheur la surprise me presse ;
Et le bruit du trepas de l'illustre comtesse
Doit s'emparer si bien de tout mon déplaisir,
Qu'aucun autre souci n'a droit de me saisir.
D. ALVAR.
Madame, ce peut être une fausse nouvelle ;
Mais mon retour, au prince, en porte une cruelle.
D. ELVIRE.
De quelque grand ennui qu'il puisse être agité,
Il en aura toujours moins qu'il n'a mérité.

SCÈNE II.
DONE ELVIRE, ÉLISE.

ELISE.
J'attendais qu'il sortît, madame, pour vous dire
Ce qu'il veut maintenant que votre ame respire,
Puisque votre chagrin, dans un moment d'ici,
Du sort de done Ignès peut se voir éclairci.
Un inconnu, qui vient pour cette confidence,
Vous fait, par un des siens, demander audience.
D. ELVIRE.
Élise, il faut le voir ; qu'il vienne promptement.
ELISE.
Mais il veut n'être vu que de vous seulement ;
Et par cet envoyé, madame, il sollicite
Qu'il puisse, sans témoin, vous rendre sa visite.

D. ELVIRE.

Hé bien ! nous serons seuls ; et je vais l'ordonner,
Tandis que tu prendras le soin de l'amener.
Que mon impatience en ce moment est forte !
O destins ! est-ce joie ou douleur qu'on m'apporte ?

SCENE III.

DON PEDRE, ELISE.

ELISE.

Où....

D. PEDRE.

Si vous me cherchez, madame, me voici.

ELISE.

En quel lieu votre maître ?

D. PEDRE.

Il est proche d'ici :
Le ferais-je venir ?

ELISE.

Dites-lui qu'il s'avance,
Assuré qu'on l'attend avec impatience,
Et qu'il ne se verra d'aucuns yeux éclairé.
 (seule.)
Je ne sais quel secret en doit être auguré.
Tant de précautions qu'il affecte de prendre...
Mais le voici déjà.

SCENE IV.

DONE IGNÈS, *déguisée en homme*, ÉLISE.

ELISE.

Seigneur, pour vous attendre
On a fait.. Mais que vois-je ? Ah ! madame ! mes yeux..

D. IGNÈS.

Ne me découvrez point, Elise, dans ces lieux,
Et laissez respirer ma triste destinée,
Sous une feinte mort que je me suis donnée.
C'est elle qui m'arrache à tous mes fiers tyrans,
Car je puis sous ce nom comprendre mes parents.
J'ai par elle évité cet hymen redoutable,
Pour qui j'aurais souffert une mort véritable ;

Et, sous cet équipage et le bruit de ma mort,
Il faut cacher à tous le secret de mon sort,
Pour me voir à l'abri de l'injuste poursuite.
Qui pourrait dans ces lieux persécuter ma fuite.

ÉLISE.

Ma surprise en public eût trahi vos désirs,
Mais allez là-dedans étouffer des soupirs ;
Et, des charmants transports d'une pleine allégresse,
Saisir à votre aspect le cœur de la princesse :
Vous la trouverez seule ; elle-même a pris soin
Que votre abord fût libre, et n'eût aucun témoin.

SCÈNE V.

DON ALVAR, ELISE.

ÉLISE.

Vois-je pas don Alvar ?

D. ALVAR.

Le prince me renvoie
Vous prier que pour lui votre crédit s'emploie.
De ses jours, belle Élise, on doit n'espérer rien,
S'il n'obtient par vos soins un moment d'entretien ;
Son ame à des transports.... Mais le voici lui-même.

SCÈNE VI.

DON GARCIE, DON ALVAR, ELISE.

D. GARCIE.

Ah ! sois un peu sensible à ma disgrâce extrême,
Elise, et prends pitié d'un cœur infortuné,
Qu'aux plus vives douleurs tu vois abandonné.

ELISE.

C'est avec d'autres yeux que me fait la princesse,
Seigneur, que je verrais le tourment qui vous presse ;
Mais nous avons du ciel, ou du tempérament,
Que nous jugeons de tout chacun diversement ;
Et puisqu'elle vous blâme, et que sa fantaisie
Lui fait un monstre affreux de votre jalousie,
Je serais complaisant, et voudrais m'efforcer
De cacher à ses yeux ce qui peut les blesser.

Un amant suit sans doute une utile méthode,
S'il fait qu'à notre humeur la sienne s'accommode;
Et cent devoirs font moins que ces ajustements,
 Qui font croire en deux cœurs les mêmes sentiments.
L'art de ces deux rapports fortement les assemble,
Et nous n'aimons rien tant que ce qui nous ressemble.

D. GARCIE.

Je le sais; mais, hélas! les destins inhumains
S'opposent à l'effet de ces justes desseins;
Et, malgré tous mes soins, viennent toujours me tendre
Un piége dont mon cœur ne saurait se défendre.
Ce n'est pas que l'ingrate aux yeux de mon rival
N'ait fait contre mes feux un aveu trop fatal,
Et témoigné pour lui des excès de tendresse,
Dont le cruel objet me reviendra sans cesse:
Mais comme trop d'ardeur enfin m'avait séduit,
Quand j'ai cru qu'en ces lieux elle l'ait introduit,
D'un trop cuisant ennui je sentirais l'atteinte
De lui laisser sur moi quelque sujet de plainte.
Oui, je veux faire au moins, si je m'en vois quitté,
Que ce soit de son cœur pure infidélité;
Et, venant m'excuser d'un trait de promptitude,
Dérober tout prétexte à son ingratitude.

ELISE.

Laissez un peu de temps à son ressentiment,
Et ne la voyez point, Seigneur, si promptement.

D. GARCIE.

Ah! si tu me chéris, obtiens que je la voie;
C'est une liberté qu'il faut qu'elle m'octroie:
Je ne pars point d'ici, qu'au moins son fier dédain...

ELISE.

De grace, différez l'effet de ce dessein.

D. GARCIE.

Non, ne m'oppose point une excuse frivole.

ÉLISE, *à part*.

Il faut que ce soit elle, avec une parole,
Qui trouve les moyens de le faire en aller.
(*à Don Garcie.*)
Demeurez donc, seigneur, je m'en vais lui parler.

D. GARCIE.
Dis-lui que j'ai d'abord banni de ma présence
Celui dont les avis ont causé mon offense,
Que don Lope jamais...

SCENE VII.
DON GARCIE, DON ALVAR.

D. GARCIE, *regardant par la porte qu'Élise a laissée entr'ouverte.*
    Que vois-je! ô justes cieux!
Faut-il que je m'assure au rapport de mes yeux?
Ah! sans doute, ils me sont des témoins trop fidèles!
Voilà le comble affreux de mes peines mortelles!
Voici le coup fatal qui devait m'accabler :
Et quand par des soupçons je me sentais troubler!
C'était, c'était le ciel dont la sourde menace
Présageait à mon cœur cette horrible disgrace.

D. ALVAR.
Qu'avez-vous vu, seigneur, qui vous puisse émouvoir,

D. GARCIE.
J'ai vu ce que mon ame a peine à concevoir;
Et le renversement de toute la nature
Ne m'étonnerait pas comme cette aventure!
C'en est fait... Le destin... Je ne saurais parler.

D. ALVAR.
Seigneur, que votre esprit tâche à se rappeler.

D. GARCIE.
J'ai vu... Vengeance, ô ciel!

D. ALVAR.
    Quelle atteinte soudaine...

D. GARCIE.
J'en mourrai, don Alvar; la chose est bien certaine.

D. ALVAR.
Mais, seigneur, qui pourrait...

D. GARCIE.
    Ah! tout est ruiné;
Je suis, je suis, trahi, je suis assassiné :
Un homme, sans mourir te le puis-je bien dire?
Un homme dans les bras de l'infidèle Elvire!

D. ALVAR.
Ah! seigneur, la princesse est vertueuse au point...

D. GARCIE.
Ah! sur ce que j'ai vu ne me contestez point,
Don Alvar; c'en est trop que soutenir sa gloire,
Lorsque mes yeux font foi d'une action si noire.
D. ALVAR.
Seigneur, nos passions nous font prendre souvent
Pour chose véritable un objet décevant;
Et de croire qu'une ame à la vertu nourrie
Se puisse...
D. GARCIE.
Don Alvar, laissez-moi, je vous prie.
Un conseiller me choque en cette occasion,
Et je ne prends avis que de ma passion.
D. ALVAR, à part.
Il ne faut rien répondre à cet esprit farouche.
D. GARCIE.
Ah! que sensiblement cette atteinte me touche!
Mais il faut voir qui c'est, et de ma main punir...
La voici... Ma fureur, te peux-tu retenir?

SCÈNE VIII.

DONE ELVIRE, DON GARCIE, DON ALVAR.

D. ELVIRE.
Hé bien! que voulez-vous? Et quel espoir de grace,
Après vos procédés, peut flatter votre audace?
Osez-vous à mes yeux encor vous présenter?
Et que me direz-vous que je doive écouter.
D. GARCIE.
Que toutes les horreurs dont une ame est capable
A vos déloyautés n'ont rien de comparable;
Que le sort, les démons, et le ciel en courroux,
N'ont jamais rien produit de si méchant que vous.
D. ELVIRE.
Ah! vraiment j'attendais l'excuse d'un outrage;
Mais, à ce que je vois, c'est un autre langage.
D. GARCIE.
Oui, oui, c'en est un autre; et vous n'attendiez pas
Que j'eusse découvert le traître dans vos bras;
Qu'un funeste hasard, par la porte entr'ouverte,
Eût offert à mes yeux votre honte et ma perte.

Est-ce l'heureux amant sur ses pas revenu,
Ou quelque autre rival qui m'était inconnu?
O ciel! donne à mon cœur des forces suffisantes
Pour pouvoir supporter des douleurs si cuisantes!
Rougissez maintenant, vous en avez raison :
Et le masque est levé de votre trahison ;
Voilà ce que marquaient les troubles de mon âme ;
Ce n'était pas en vain que s'alarmait ma flamme ;
Par ces fréquents soupçons qu'on trouvait odieux,
Je cherchais le malheur qu'ont rencontré mes yeux ;
Et, malgré tous vos soins et votre adresse à feindre,
Mon astre me disait ce que j'avais à craindre ;
Mais ne présumez pas que, sans être vengé,
Je souffre le dépit de me voir outragé.
Je sais que sur les vœux on n'a point de puissance ;
Que l'amour veut partout naître sans dépendance ;
Que jamais par la force on n'entra dans un cœur,
Et que toute âme est libre à nommer son vainqueur :
Aussi ne trouverais-je aucun sujet de plainte,
Si pour moi votre bouche avait parlé sans feinte ;
Et, son arrêt livrant mon espoir à la mort,
Mon cœur n'aurait eu droit de s'en prendre qu'au sort.
Mais d'un aveu trompeur voir ma flamme applaudie,
C'est une trahison, c'est une perfidie,
Qui ne saurait trouver de trop grands châtiments,
Et je puis tout permettre à mes ressentiments.
Non, non, n'espérez rien après un tel outrage,
Je ne suis plus à moi; je suis tout à la rage.
Trahi de tous côtés, mis dans un triste état ;
Il faut que mon amour se venge avec éclat ;
Qu'ici j'immole tout à ma fureur extrême,
Et que mon désespoir achève par moi-même.

D. ELVIRE.

Assez paisiblement vous a-t-on écouté?
Et pourrai-je à mon tour parler en liberté?

D. GARCIE.

Et par quels beaux discours que l'artifice inspire...

D. ELVIRE.

Si vous avez encor quelque chose à me dire.

ACTE IV, SCÈNE VIII.

Vous pouvez l'ajouter, je suis prête à l'ouïr ;
Sinon, faites au moins que je puisse jouir
De deux ou trois moments de paisible audience.

D. GARCIE.

Hé bien ! j'ajoute. O ciel ! quelle est ma patience !

D. ELVIRE.

Je force ma colère ; et veux, sans nulle aigreur,
Répondre à ce discours si rempli de fureur.

D. GARCIE.

C'est que vous voyez bien....

D. ELVIRE.

Ah ! j'ai prêté l'oreille
Autant qu'il vous a plu ; rendez-moi la pareille.
J'admire mon destin, et jamais sous les cieux
Il ne fut rien, je crois, de si prodigieux,
Rien, dont la nouveauté soit plus inconcevable,
Et rien que la raison rende plus supportable.
Je me vois un amant, qui, sans me rebuter,
Applique tous ses soins à me persécuter ;
Qui, dans tout cet amour que sa bouche m'exprime,
Ne conserve pour moi nul sentiment d'estime ;
Rien, au fond de ce cœur qu'ont pu blesser mes yeux,
Qui fasse droit au sang que j'ai reçu des cieux,
Et de mes actions défende l'innocence
Contre le moindre effort d'une fausse apparence.
Oui, je vois...

(D. Garcie montre de l'impatience pour parler)

Ah ! surtout ne m'interrompez point.
Je vois, dis-je, mon sort malheureux à ce point,
Qu'un cœur, qui dit qu'il m'aime, et qui doit faire croire
Que, quand tout l'univers douterait de ma gloire,
Il voudrait contre tous en être le garant ;
Est celui qui s'en fait l'ennemi le plus grand.
On ne voit échapper aux soins que prend sa flamme
Aucune occasion de soupçonner mon âme :
Mais c'est peu des soupçons, il en fait des éclats
Que, sans être blessé, l'amour ne souffre pas.
Loin d'agir en amant, qui, plus que la mort même,
Appréhende toujours d'offenser ce qu'il aime ;

Qui se plaint doucement, et cherche avec respect
A pouvoir s'éclaircir de ce qu'il croit suspect.
A toute extrémité dans ses doutes il passe ;
Et ce n'est que fureur, qu'injure et que menace.
Cependant aujourd'hui je veux fermer les yeux
Sur tout ce qui devrait me le rendre odieux,
Et lui donner moyen, par une bonté pure,
De tirer son salut d'une nouvelle injure.
Ce grand emportement qu'il m'a fallu souffrir,
Part de ce qu'à vos yeux le hasard vient d'offrir.
J'aurais tort de vouloir démentir votre vue,
Et votre ame sans doute a dû paraître émue.

D. GARCIE.

Et n'est-ce pas...

D. ELVIRE.

Encore un peu d'attention,
Et vous allez savoir ma résolution.
Il faut que de nous deux le destin s'accomplisse ;
Vous êtes maintenant sur un grand précipice,
Et ce que votre cœur pourra délibérer
Va vous y faire choir, ou bien vous en tirer.
Si, malgré cet objet qui vous a pu surprendre,
Prince, vous me rendez ce que vous devez rendre,
Et ne demandez point d'autre preuve que moi,
Pour condamner l'erreur du trouble où je vous voi ;
Si de vos sentiments la prompte déférence
Veut sur ma seule foi croire mon innocence,
Et de tous vos soupçons démentir le crédit,
Pour croire aveuglément ce que mon cœur vous dit,
Cette soumission, cette marque d'estime,
Du passé dans ce cœur efface tout le crime ;
Je rétracte, à l'instant, ce qu'un juste courroux
M'a fait, dans la chaleur prononcer contre vous ;
Et, si je puis un jour choisir ma destinée,
Sans choquer les devoirs du rang où je suis née,
Mon honneur, satisfait par ce respect soudain,
Promet à votre amour et mes vœux et ma main :
Mais, prêtez bien l'oreille à ce que je vais dire :
Si cette offre sur vous obtient si peu d'empire

Que vous me refusiez de me faire entre nous
Un sacrifice entier de vos soupçons jaloux;
S'il ne vous suffit pas de toute l'assurance
Que vous peuvent donner mon cœur et ma naissance,
Et que de votre esprit les ombrages puissants
Forcent mon innocence à convaincre vos sens,
Et porter à vos yeux l'éclatant témoignage
D'une vertu sincère à qui l'on fait outrage;
Je suis prête à le faire, et vous serez content :
Mais il vous faut de moi détacher à l'instant,
A mes vœux, pour jamais, renoncer de vous-même;
Et j'atteste du ciel la puissance suprême,
Que, quoique le destin puisse ordonner de nous,
Je choisirai plutôt d'être à la mort qu'à vous.
Voilà dans ces deux choix de quoi vous satisfaire :
Avisez maintenant celui qui peut vous plaire.

D. GARCIE.

Juste ciel! jamais rien peut-il être inventé
Avec plus d'artifice et de déloyauté
Tout ce que des enfers la malice étudie?
A-t-il rien de si noir que cette perfidie?
Et peut-elle trouver dans toute sa rigueur
Un plus cruel moyen d'embarrasser un cœur?
Ah! que vous savez bien ici contre moi-même,
Ingrate! vous servir de ma faiblesse extrême,
Et ménager pour vous l'effort prodigieux
De ce fatal amour né de vos traîtres yeux!
Parce qu'on est surprise, et qu'on manque d'excuse,
D'une offre de pardon on emprunte la ruse:
Votre feinte douceur forge un amusement
Pour divertir l'effet de mon ressentiment;
Et, par le nœud subtil du choix qu'elle embarrasse,
Veut soustraire un perfide au coup qui le menace.
Oui, vos dextérités veulent me détourner
D'un éclaircissement qui vous doit condamner;
Et votre ame, feignant une innocence entière,
Ne s'offre à m'en donner aucune lumière
Qu'à des conditions, qu'après d'ardents souhaits
Vous pensez que mon cœur n'acceptera jamais.

Mais vous serez trompée en me croyant surprendre.
Oui, oui, je prétends voir ce qui doit vous défendre,
Et quel fameux prodige, accusant ma fureur,
Peut de ce que j'ai vu justifier l'horreur.

D. ELVIRE.

Songez que par ce choix vous allez vous prescrire
De ne plus rien prétendre au cœur de done Elvire.

D. GARCIE.

Soit. Je souscris à tout ! et mes vœux, aussi bien,
En l'état où je suis, ne prétendent plus rien.

D. ELVIRE.

Vous vous repentirez de l'éclat que vous faites.

D. GARCIE.

Non, non, tous ces discours sont de vaines défaites;
Et c'est moi bien plutôt qui doit vous avertir
Que quelque autre dans peu pourra se repentir :
Le traître, quel qu'il soit, n'aura pas l'avantage
De dérober sa vie à l'effort de ma rage.

D. ELVIRE.

Ah ! c'est trop en souffrir; et mon cœur irrité
Ne doit plus conserver une sotte bonté;
Abandonnons l'ingrat à son propre caprice;
Et, puisqu'il veut périr, consentons qu'il périsse.
  (*à don Garcie.*)
Elise... A cet éclat vous voulez me forcer;
Mais je vous apprendrai que c'est trop m'offenser.

SCÈNE IX.

DONE ELVIRE, DON GARCIE, ELISE, DON ALVAR.

D. ELVIRE, à *Élise*.

Faites un peu sortir la personne chérie...
Allez, vous m'entendez, dites que je l'en prie.

D. GARCIE.

Et je puis....

D. ELVIRE.

  Attendez, vous serez satisfait.

ELISE, *à part en sortant*.

Voici de son jaloux, sans doute, un nouveau trait.

D. ELVIRE.

Prenez garde qu'au moins cette noble colère
Dans la même fierté jusqu'au bout persévère;

Et surtout désormais songez bien à quel prix
Vous avez voulu voir vos soupçons éclaircis.

SCENE X.

DONE ELVIRE, DON GARGIE, DONE IGNÈS,
déguisée en homme; ÉLISE, DON ALVAR.

D. ELVIRE *à D. Garcie, en lui montrant D. Ignès.*
Voici, graces au ciel, ce qui les a fait naître
Ces soupçons obligeants que l'on me fait paraître ;
Voyez bien ce visage et si de done Ignès
Vos yeux au même instant n'y connaissent les traits.

D. GARCIE.
O ciel !

D. ELVIRE.
Si la fureur, dont votre ame est émue,
Vous trouble jusque-là l'usage de la vue,
Vous avez d'autres yeux à pouvoir consulter,
Qui ne vous laisseront aucun lieu de douter.
Sa mort est une adresse au besoin inventée
Pour fuir l'autorité qui l'a persécutée ;
Et, sous un tel habit, elle cachait son sort,
Pour mieux jouir du fruit de cette feinte mort.
(*à done Ignès.*)
Madame, pardonnez, s'il faut que je consente
A trahir vos secrets et tromper votre attente :
Je me vois exposé à sa témérité,
Toutes mes actions n'ont plus de liberté, [prendre,
Et mon honneur, en butte aux soupçons qu'il peut
Est réduit à toute heure aux soins de se défendre.
Nos doux embrassements, qu'a surpris ce jaloux,
De cent indignités m'ont fait souffrir les coups.
Oui, voilà le sujet d'une fureur si prompte,
Et l'assuré témoin qu'on produit de ma honte
(*à don Garcie.*)
Jouissez à cette heure en tyran absolu
De l'éclaircissement que vous avez voulu :
Mais sachez que j'aurai sans cesse la mémoire
De l'outrage sanglant qu'on a fait à ma gloire ;

Et, si je puis jamais oublier mes serments,
Tombent sur moi du ciel les plus grands châtiments ;
Qu'un tonnerre éclatant mette ma tête en poudre,
Lorsqu'à souffrir vos feux je pourrai me résoudre !
Allons, madame, allons, ôtons-nous de ces lieux
Qu'infectent les regards d'un monstre furieux ;
Fuyons-en promptement l'atteinte envenimée,
Évitons les efforts de sa rage animée,
Et ne faisons des vœux, dans nos justes desseins,
Que pour nous voir bientôt affranchir de ses mains.

D. IGNÈS, *à don Garcie*

Seigneur, de vos soupçons l'injuste violence
A la même vertu vient de faire une offense.

SCENE XI.

DON GARCIE, DON ALVAR.

D. GARCIE.

Quelles tristes clartés, dissipant mon erreur,
Enveloppent mes sens d'une profonde horreur,
Et ne laissent plus voir à mon ame abattue
Que l'effroyable objet d'un remords qui me tue !
Ah ! don Alvar, je vois que vous avez raison ;
Mais l'enfer dans mon cœur a soufflé son poison,
Et, par un trait fatal d'une rigueur extrême,
Mon plus grand ennemi se rencontre en moi-même.
Que me sert-il d'aimer du plus ardent amour
Qu'une ame consumée ait jamais mis au jour,
Si, par ces mouvements qui font toute ma peine,
Cet amour à tout coup se rend digne de haine ?
Il faut, il faut venger par mon juste trépas
L'outrage que j'ai fait à ses divins appas ;
Aussi bien quels conseils aujourd'hui puis-je suivre ?
Ah ! j'ai perdu l'objet pour qui j'aimais à vivre.
Si j'ai pu renoncer à l'espoir de ses vœux,
Renoncer à la vie est beaucoup moins fâcheux.

D. ALVAR.

Seigneur.....

D. GARCIE.

Non, don Alvar ma mort est nécessaire,
Il n'est soins ni raisons qui m'en puissent distraire ;

ACTE IV, SCENE XI.

Mais il faut que mon sort, en se précipitant,
Rende à cette princesse un service éclatant,
Et je veux me chercher, dans cette illustre envie
Les moyens glorieux de sortir de la vie;
Faire par un grand coup qui signale ma foi,
Qu'en expirant pour elle, elle ait regret à moi,
Et qu'elle puisse dire, en se voyant vengée :
« C'est par son trop d'amour qu'il m'avait outragée. »
Il faut que de ma main un illustre attentat
Porte une mort trop due au sein de Maurégat,
Que j'aille prévenir, par une belle audace
Le coup dont la Castille avec bruit le menace;
Et j'aurai des douceurs, dans mon instant fatal,
De ravir cette gloire à l'espoir d'un rival.

D. ALVAR.

Un service, seigneur, de cette conséquence
Aurait bien le pouvoir d'effacer votre offense;
Mais hasarder...

D. GARCIE.

Allons, par un juste devoir,
Faire à ce noble effort servir mon désespoir.

FIN DU QUATRIÈME ACTE.

ACTE V.

SCENE PREMIÈRE.

DON ALVAR, ÉLISE.

D. ALVAR.

Oui, jamais il ne fut de si rude surprise.
Il venait de former cette haute entreprise ;
A l'avide désir d'immoler Maurégat,
De son prompt désespoir il tournait tout l'éclat ;
Ses soins précipités voulaient à son courage
De cette juste mort assurer l'avantage,
Y chercher son pardon et prévenir l'ennui
Qu'un rival partageât cette gloire avec lui.
Il sortait de ces murs, quand un bruit trop fidèle
Est venu lui porter la fâcheuse nouvelle
Que ce même rival, qu'il voulait prévenir,
A remporté l'honneur qu'il pensait obtenir,
L'a prévenu lui-même en immolant le traître ;
Et poussé dans ce jour don Alphonse à paraître,
Qui, d'un si prompt succès, va goûter la douceur,
Et vient prendre en ces lieux la princesse sa sœur :
Et, ce qui n'a pas peine à gagner la croyance,
On entend publier que c'est la récompense
Dont il prétend payer le service éclatant
Du bras qui lui fait jour au trône qui l'attend.

ELISE.

Oui, donc Elvire a su ces nouvelles semées,
Et du vieux don Louis les trouve confirmées,
Qui vient de lui mander que Léon, dans ce jour,
De don Alphonse et d'elle attend l'heureux retour :
Et que c'est là qu'on doit, par un revers prospère,
Lui voir prendre un époux de la main de ce frère.
Dans ce peu qu'il en dit, il donne assez à voir
Que don Sylve est l'époux qu'elle doit recevoir.

ACTE V, SCENE II.

D. ALVAR.

Ce coup au cœur du prince...

ELISE.

Est sans doute bien rude ;
Et je le trouve à plaindre en son inquiétude.
Son intérêt pourtant, si j'en ai bien jugé,
Est encor cher au cœur qu'il a tant outragé ;
Et je n'ai point connu qu'à ce succès qu'on vante,
La princesse ait fait voir une ame fort contente
De ce frère qui vient, et de la lettre aussi ;
Mais...

SCÈNE II.

DONE ELVIRE, DONE IGNÈS, *déguisée en homme*, ELISE, DON ALVAR.

D. ELVIRE.

Faites, don Alvar, venir le prince ici.
(Don Alvar sort.)
Souffrez que devant vous je lui parle, madame,
Sur cet évènement dont on surprend mon ame ;
Et ne m'accusez point d'un trop prompt changement,
Si je perds contre lui tout mon ressentiment.
Sa disgrace imprévue a pris droit de l'éteindre ;
Sans lui laisser ma haine, il est assez à plaindre :
Et le ciel, qui l'expose à ce trait de rigueur,
N'a que trop bien servi les serments de mon cœur.
Un éclatant arrêt de ma gloire outragée
A jamais n'être à lui me tenait engagée :
Mais, quand par les destins il est exécuté,
J'y vois pour son amour trop de sévérité ;
Et le triste succès de tout ce qu'il m'adresse
M'efface son offense, et lui rend ma tendresse.
Oui, mon cœur, trop vengé par de si rudes coups,
Laisse à leur cruauté désarmer son courroux,
Et cherche maintenant, par un soin pitoyable,
A consoler le sort d'un amant misérable ;
Et je crois que sa flamme a bien pu mériter
Cette compassion que je lui veux prêter.

D. IGNÈS.

Madame, on aurait tort de trouver à redire
Aux tendres sentiments qu'on voit qu'il vous inspire ;
Ce qu'il a fait pour vous... Il vient, et sa pâleur
De ce coup surprenant marque assez la douleur.

SCENE III.

DONE GARCIE, DON ELVIRE, DONE IGNÈS,
déguisée en homme, ÉLISE.

D. GARCIE.

Madame, avec quel front faut-il que je m'avance,
Quand je viens vous offrir l'odieuse présence...?

D. ELVIRE.

Prince, ne parlons plus de mon ressentiment :
Votre sort dans mon ame a fait du changement ;
Et, par le triste état où sa rigueur vous jette,
Ma colère est éteinte, et notre paix est faite.
Oui, bien que votre amour ait mérité les coups
Que fait sur lui du ciel éclater le courroux ;
Bien que ces noirs soupçons aient offensé ma gloire
Par des indignités qu'on aurait peine à croire ;
J'avouerai toutefois que je plains son malheur
Jusqu'à voir nos succès avec quelque douleur ;
Que je hais les faveurs de ce fameux service,
Lorsqu'on veut de mon cœur lui faire un sacrifice,
Et voudrais bien pouvoir racheter les moments
Où le sort contre vous n'armait que mes serments.
Mais enfin vous savez comme nos destinées
Aux intérêts publics sont toujours enchaînées,
Et que l'ordre des cieux, pour disposer de moi,
Dans mon frère qui vient, me va montrer mon roi.
Cédez, comme moi, prince, à cette violence
Où la grandeur soumet celles de ma naissance ;
Et, si de votre amour les déplaisirs sont grands,
Qu'il se fasse un secours de la part que j'y prends,
Et ne se serve point, contre un coup qui l'étonne,
Du pouvoir qu'en ces lieux votre valeur vous donne :
Ce vous serait, sans doute, un indigne transport
De vouloir dans vos maux lutter contre le sort ;

Et, lorsque c'est en vain qu'on s'oppose à sa rage,
La soumission prompte est grandeur de courage.
Ne résistez donc point à ses coups éclatants ;
Ouvrez les murs d'Astorgue au frère que j'attends ;
Laissez-moi rendre aux droits qu'il peut sur moi pré-
Ce que mon triste cœur a résolu de rendre ;   [tendre
Et ce fatal hommage, où mes vœux sont forcés
Peut-être n'ira pas si loin que vous pensez.

D. GARCIE.

C'est faire voir, madame, une bonté trop rare
Que vouloir adoucir le coup qu'on me prépare ;
Sur moi, sans de tels soins, vous pouvez laisser choir
Le foudre rigoureux de tout votre devoir.
En l'état où je suis je n'ai rien à vous dire.
J'ai mérité du sort tout ce qu'il a de pire ;
Et je sais, quelques maux qu'il me faille endurer,
Que je me suis ôté le droit d'en murmurer.
Par où pourrai-je, hélas ! dans ma vaste disgrace,
Vers vous de quelque plainte autoriser l'audace ?
Mon amour s'est rendu mille fois odieux ;
Il n'a fait qu'outrager vos attraits glorieux ;
Et, lorsque par un juste et fameux sacrifice,
Mon bras à votre sang cherche à rendre un service,
Mon astre m'abandonne au déplaisir fatal
De me voir prévenu par le bras d'un rival.
Madame, après cela je n'ai rien à prétendre ;
Je suis digne du coup que l'on me fait attendre ;
Et je le vois venir, sans oser contre lui
Tenter de votre cœur le favorable appui.
Ce qui peut me rester dans mon malheur extrême,
C'est de chercher alors mon remède en moi-même,
Et faire que ma mort, propice à mes désirs,
Affranchisse mon cœur de tous ses déplaisirs.
Oui, bientôt dans ces lieux don Alphonse doit être,
Et déjà mon rival commence de paraître :
De Léon vers ces murs il semble avoir volé
Pour recevoir le prix du tyran immolé.
Ne craignez point du tout qu'aucune résistance
Fasse valoir ici ce que j'ai de puissance ;

Il n'est effort humain que, pour vous conserver,
Si vous y consentiez, je ne pusse braver.
Mais ce n'est pas à moi, dont on hait la mémoire,
A pouvoir espérer cet aveu plein de gloire;
Et je ne voudrais pas, par des efforts trop vains,
Jeter le moindre obstacle à vos justes desseins :
Non, je ne contrains point vos sentiments, madame;
Je vais en liberté laisser toute votre ame,
Ouvrir les murs d'Astorgue à cet heureux vainqueur,
Et subir de mon sort la dernière rigueur.

SCENE IV.

DONE ELVIRE ; DONE IGNÈS, *déguisée en homme*; ELISE.

D. ELVIRE.

Madame, au désespoir où son destin l'expose
De tous mes déplaisirs n'imputez pas la cause.
Vous me rendrez justice, en croyant que mon cœur
Fait de vos intérêts sa plus vive douleur ;
Que bien plus que l'amour l'amitié m'est sensible,
Et que, si je me plains d'une disgrace horrible,
C'est de voir que du ciel le funeste courroux
Ait pris chez moi les traits qu'il lance contre vous,
Et rendu mes regards coupables d'une flamme
Qui traite indignement les bontés de votre ame

D. IGNÈS.

C'est un évènement dont sans doute vos yeux
N'ont point pour moi, madame, à quereller les cieux,
Si les faibles attraits qu'étale mon visage
M'exposaient au destin de souffrir un volage,
Le ciel ne pouvait mieux m'adoucir de tels coups
Quand pour m'ôter ce cœur, il s'est servi de vous ;
Et mon front ne doit point rougir d'une inconstance
Qui de vos traits aux miens marque la différence,
Si pour ce changement je pousse des soupirs,
Ils viennent de le voir fatal à vos désirs ;
Et, dans cette douleur que l'amitié m'excite,
Je m'accuse pour vous de mon peu de mérite,
Qui n'a pu retenir un cœur dont les tributs
Causent un si grand trouble à vos vœux combattus.

D. ELVIRE.
Accusez-vous plutôt de l'injuste silence
Qui m'a de vos deux cœurs caché l'intelligence.
Ce secret, plus tôt su, peut-être à toutes deux
Nous aurait épargné des troubles si fâcheux;
Et mes justes froideurs, des désirs d'un volage
Au point de leur naissance ayant banni l'hommage,
Eussent pu renvoyer...

D. IGNÈS.
Madame, le voici.

D. ELVIRE.
Sans rencontrer ses yeux vous pouvez être ici :
Ne sortez point, madame, et, dans un tel martyre
Veuillez être témoin de ce que je vais dire.

D. IGNÈS.
Madame, j'y consens, quoique je sache bien
Qu'on fuirait en ma place un pareil entretien.

D. ELVIRE.
Son succès, si le ciel seconde ma pensée,
Madame, n'aura rien dont vous soyez blessées.

SCÈNE V.

DON ALPHONSE, cru D. SYLVE; DONE ELVIRE;
DON IGNÈS, *déguisée en homme*; ELISE.

D. ELVIRE.
Avant que vous parliez, je demande instamment
Que vous daigniez, seigneur, m'écouter un moment.
Déjà la renommée a jusqu'à nos oreilles
Porté de votre bras les soudaines merveilles;
Et j'admire avec tous comme en si peu de temps
Il donne à nos destins ces succès éclatants.
Je sais bien qu'un bienfait de cette conséquence
Ne saurait demander trop de reconnaissance,
Et qu'on doit toute chose à l'exploit immortel
Qui replace mon frère au trône paternel.
Mais, quoi que de son cœur vous offrent les homma- [ges,
Usez en généreux de tous vos avantages;
Et ne permettez pas que ce coup glorieux
Jette sur moi, seigneur, un joug impérieux;

Que votre amour, qui sait quel intérêt m'anime,
S'obstine à triompher d'un refus légitime,
Et veuille que ce frère, où l'on va m'exposer,
Commence d'être roi pour me tyranniser.
Léon a d'autres prix dont, en cette occurrence,
Il peut mieux honorer votre haute vaillance ;
Et c'est à vos vertus faire un présent trop bas
Que vous donner un cœur qui ne se donne pas.
Peut-on être jamais satisfait en soi-même,
Lorsque par la contrainte on obtient ce qu'on aime !
C'est un triste avantage, et l'amant généreux
A ces conditions refuse d'être heureux :
Il ne veut rien devoir à cette violence
Qu'exercent sur nos cœurs les droits de la naissance
Et pour l'objet qu'il aime est toujours trop zélé
Pour souffrir qu'en victime il lui soit immolé.
Ce n'est pas que ce cœur, au mérite d'un autre
Prétende réserver ce qu'il refuse au vôtre :
Non, seigneur, j'en réponds, et vous donne ma foi
Que personne jamais n'aura pouvoir sur moi ;
Qu'une sainte retraite à toute autre poursuite...

D. ALPHONSE.

J'ai de votre discours assez souffert la suite,
Madame, et par deux mots je vous l'eusse épargné,
Si votre fausse alarme eût sur vous moins gagné.
Je sais qu'un bruit commun, qui partout se fait croire
De la mort du tyran me veut donner la gloire ;
Mais le seul peuple enfin, comme on nous fait savoir
Laissant par don Louis échauffer son devoir,
A remporté l'honneur de cet acte héroïque
Dont mon nom est chargé par la rumeur publique.
Et ce qui d'un tel bruit a fourni le sujet,
C'est que, pour appuyer son illustre projet,
Don Louis fit semer, par une feinte utile,
Que, secondé des miens, j'avais saisi la ville ;
Et, par cette nouvelle, il a poussé les bras
Qui d'un usurpateur ont hâté le trépas.
Par son zèle prudent il a su tout conduire,
Et c'est par un des siens qu'il vient de m'en instruire

ACTE V, SCENE V.

Mais dans le même instant un secret m'est appris.
Qui va vous étonner autant qu'il m'a surpris.
Vous attendez un frère, et Léon, son vrai maître ;
A vos yeux maintenant le ciel le fait paraître :
Oui, je suis don Alphonse, et mon sort conservé,
Et sous le nom du sang de Castille élevé,
Est un fameux effet de l'amitié sincère
Qui fut entre son prince et le roi notre père.
Don Louis du secret a toutes les clartés
Et doit aux yeux de tous prouver ces vérités.
D'autres soins maintenant occupent ma pensée :
Non qu'à votre sujet elle soit traversée,
Que ma flamme querelle un tel évènement,
Et qu'en mon cœur le frère importune l'amant.
Mes feux par ce secret ont reçu sans murmure
Le changement qu'en eux a prescrit la nature ;
Et le sang qui nous joint m'a si bien détaché
De l'amour dont pour vous mon cœur était touché,
Qu'il ne respire plus, pour faveur souveraine,
Que les chères douceurs de sa première chaîne
Et le moyen de rendre à l'adorable Ignès
Ce que de ses bontés a mérité l'excès.
Mais son sort incertain rend le mien misérable ;
Et, si ce qu'on en dit se trouvait véritable,
En vain Léon m'appelle et le trône m'attend ;
La couronne n'a rien à me rendre content,
Et je n'en veux l'éclat que pour goûter la joie
D'en couronner l'objet où le ciel me renvoie,
Et pouvoir réparer, par ces justes tributs,
L'outrage que j'ai fait à ses rares vertus,
Madame, c'est de vous que j'ai raison d'attendre
Ce que de son destin mon ame peut apprendre :
Instruisez-m'en, de grace ; et, par votre discours,
Ôtez mon désespoir, ou le bien de mes jours.

D. ELVIRE.

Ne vous étonnez pas si je tarde à répondre,
Seigneur, ces nouveautés ont droit de me confondre ;
Je n'entreprendrai point de dire à votre amour
Si donc Ignès est morte, ou respire le jour ;

Mais par ce cavalier, l'un de ses plus fidèles,
Vous en pourrez sans doute apprendre des nouvelles.

D. ALPHONSE, *reconnaissant done Ignès*.

Ah! madame! il m'est doux en ces perplexités
De voir ici briller vos célestes beautés.
Mais vous, avec quels yeux verrez-vous un volage
Dont le crime...?

D. IGNÈS.

    Ah! gardez de me faire un outrage,
Et de vous hasarder de dire que vers moi
Un cœur dont je fais cas ait pu manquer de foi :
J'en refuse l'idée, et l'excuse me blesse.
Rien n'a pu m'offenser auprès de la princesse ;
Et tout ce que d'ardeur elle vous a causé
Par un si haut mérite est assez excusé.
Cette flamme vers moi ne vous rend point coupable;
Et, dans le noble orgueil dont je me sens capable,
Sachez, si vous l'étiez, que ce serait en vain
Que vous présumeriez de fléchir mon dédain,
Et qu'il n'est repentir, ni suprême puissance,
Qui gagnât sur mon cœur d'oublier cette offense.

D. ELVIRE.

Mon frère, d'un tel nom souffrez-moi la douceur,
De quel ravissement comblez-vous une sœur !
Que j'aime votre choix, et bénis l'aventure
Qui vous fait couronner une amitié si pure!
Et de deux nobles cœurs que j'aime tendrement....

SCENE VI.

DON GARCIE, DONE ELVIRE, DONE IGNÈS, *déguisée en homme*, D. ALPHONSE, *cru* D. SYLVE, ÉLISE.

D. GARCIE.

De grace, cachez-moi votre contentement,
Madame, et me laissez mourir dans la croyance
Que le devoir vous fait un peu de violence.
Je sais que de vos vœux vous pouvez disposer,
Et mon dessein n'est pas de leur rien opposer,
Vous le voyez assez, et quelle obéissance
De vos commandements m'arrache la puissance :

ACTE V, SCÈNE VI.

Mais je vous avouerai que cette gaieté
Surprend au dépourvu toute ma fermeté,
Et qu'un pareil objet dans mon ame fait naître
Un transport dont j'ai peur que je ne sois pas maître;
Et je me punirais, s'il m'avait pu tirer
De ce respect soumis où je veux demeurer.
Oui, vos commandements ont prescrit à mon ame
De souffrir sans éclat le malheur de ma flamme;
Cet ordre sur mon cœur doit être tout puissant
Et je prétends mourir en vous obéissant :
Mais, encore une fois, la joie où je vous treuve
M'expose à la rigueur d'une trop rude épreuve,
Et l'ame la plus sage, en ces occasions,
Répond mal aisément de ses émotions.
Madame, épargnez-moi cette cruelle atteinte,
Donnez-moi, par pitié, deux moments de contrainte;
Et, quoi que d'un rival vous inspirent les soins,
N'en rendez pas mes yeux les malheureux témoins :
C'est la moindre faveur, qu'on peut, je crois, prétendre,
Lorsque dans ma disgrace un amant peut descendre.
Je ne l'exige pas, madame, pour longtemps,
Et bientôt mon départ rendra vos vœux contents.
Je vais où de ses feux mon ame consumée
N'apprendra votre hymen que par la renommée :
Ce n'est pas un spectacle où je doive courir,
Madame, sans le voir, j'en saurai bien mourir.

D. IGNÈS.

Seigneur, permettez-moi de blâmer votre plainte.
De vos maux la princesse a su paraître atteinte;
Et cette joie encor, de quoi vous murmurez,
Ne lui vient que des biens qui vous sont préparés.
Elle goûte un succès à vos désirs prospère,
Et dans votre rival elle trouve son frère;
C'est don Alphonse, enfin, dont on a tant parlé,
Et ce fameux secret vient d'être dévoilé.

D. ALPHONSE.

Mon cœur, graces au ciel, après un long martyre,
Seigneur, sans vous rien prendre, a tout ce qu'il désire,
Et goûte d'autant mieux son bonheur en ce jour,
Qu'il se voit en état de servir votre amour.

D. GARCIE.

Hélas! cette bonté, seigneur, doit me confondre;
A mes plus chers désirs elle daigne répondre.
Le coup que je craignais, le ciel l'a détourné,
Et tout autre que moi se verrait fortuné;
Mais ces douces clartés d'un secret favorable
Vers l'objet adoré me découvrent coupable;
Et, tombé de nouveau dans ces traîtres soupçons
Sur quoi l'on m'a tant fait d'inutiles leçons,
Et par qui mon ardeur, si souvent odieuse,
Doit perdre tout espoir d'être à jamais heureuse.....
Oui, l'on doit me haïr avec trop de raison;
Moi-même je me trouve indigne de pardon;
Et, quelque heureux succès que le sort me présente,
La mort, la seule mort est toute mon attente.

D. ELVIRE.

Non, non de ce transport; le soumis mouvement,
Prince, jette en mon ame un plus doux sentiment.
Par lui de mes serments je me sens détachée :
Vos plaintes, vos respects, vos douleurs, m'ont touchée;
J'y vois partout briller un excès d'amitié,
Et votre maladie est digne de pitié.
Je vois, prince, je vois qu'on doit quelque indulgence
Aux défauts où du ciel fait pencher l'influence :
Et, pour tout dire enfin, jaloux ou non jaloux,
Mon roi, sans me gêner, peut me donner à vous.

D. GARCIE.

Ciel! dans l'excès des biens que cet aveu m'octroie,
Rends capable mon cœur de supporter sa joie!

D. ALPHONSE.

Je veux que cet hymen, après nos vains débats,
Seigneur, joigne à jamais nos cœurs et nos états.
Mais ici le temps presse, et Léon nous appelle;
Allons dans nos plaisirs satisfaire son zèle,
Et, par notre présence et nos soins différents,
Donner le dernier coup au parti des tyrans.

FIN DE DON GARCIE DE NAVARRE.

L'ÉCOLE DES MARIS.

COMÉDIE EN TROIS ACTES.

1661.

A MONSEIGNEUR

LE DUC D'ORLÉANS,

FRÈRE UNIQUE DU ROI.

Monseigneur,

Je fais voir ici à la France des choses bien peu proportionnées : il n'est rien de si grand et de si superbe que le nom que je mets à la tête de ce livre, et rien de plus bas que ce qu'il contient. Tout le monde trouvera cet assemblage étrange ; et quelques uns pourront bien dire, pour en exprimer l'inégalité, que c'est poser une couronne de perles et de diamants sur une statue de terre, et faire entrer par des portiques magnifiques et des arcs triomphaux superbes, dans une méchante cabane. Mais, Monseigneur, ce qui doit m servir d'excuse, c'est qu'en cette aventure je n'ai c aucun choix à faire, et que l'honneur que j'ai d'être votre altesse royale, m'a imposé une nécessité abso lue de lui dédier le premier ouvrage que je mets d moi-même au jour. Ce n'est pas un présent que je lu fais, c'est un devoir dont je m'acquitte ; et les hom mages ne sont jamais regardés par les choses qu'il portent. J'ai donc osé, Monseigneur, dédier une ba gatelle à votre altesse royale, parce que je n'ai p m'en dispenser ; et si je me dispense ici de m'étendr sur les belles et glorieuses vérités qu'on pourrait dir d'Elle, c'est par la juste appréhension que ces grande idées ne fissent éclater encore davantage la bassesse d mon offrande. Je me suis imposé silence pour trouver un endroit plus propre à placer de si belles choses : et tout ce que j'ai prétendu dans cette épître, c'est de justifier mon action à toute la France, et d'avoir cette gloire de vous dire à vous-même, MONSEIGNEUR, avec toute la soumission possible, que je suis

DE VOTRE ALTESSE ROYALE

le très humble, très obéissant
et très fidèle serviteur,

MOLIÈRE.

PERSONNAGES.

SGANARELLE, frère d'Ariste.
ARISTE, frère de Sganarelle.
ISABELLE, sœur de Léonor.
LÉONOR, sœur d'Isabelle.
VALÈRE, amant d'Isabelle.
LISETTE, suivante de Léonor.
ERGASTE, valet de Valère.
UN COMMISSAIRE.
UN NOTAIRE.
DEUX LAQUAIS.

La scène est à Paris, dans une place publique.

L'ÉCOLE DES MARIS.

ACTE PREMIER.

SCÈNE PREMIÈRE.

SGANARELLE, ARISTE.

SGANARELLE.
Mon frère, s'il vous plaît, ne discourons point tant,
Et que chacun de nous vive comme il l'entend.
Bien que sur moi des ans vous ayez l'avantage,
Et soyez assez vieux pour devoir être sage,
Je vous dirai pourtant que mes intentions
Sont de ne prendre point de vos corrections ;
Que j'ai pour tout conseil ma fantaisie à suivre,
Et me trouve fort bien de ma façon de vivre.

ARISTE.
Mais chacun la condamne.

SGANARELLE.
     Oui, des fous comme vous,
Mon frère.

ARISTE.
  Grand merci ; le compliment est doux !

SGANARELLE.
Je voudrais bien savoir, puisqu'il faut tout entendre,
Ce que ces beaux censeurs en moi peuvent reprendre.

ARISTE.
Cette farouche humeur, dont la sévérité
Fuit toutes les douceurs de la société,
A tous vos procédés inspire un air bizarre,
Et, jusques à l'habit rend tout chez vous barbare.

SGANARELLE.

Il est vrai qu'à la mode il faut m'assujettir,
Et ce n'est pas pour moi que je me dois vêtir.
Ne voudriez-vous point, par vos belles sornettes,
Monsieur mon frère aîné, car, Dieu merci, vous l'êtes
D'une vingtaine d'ans, à ne vous rien céler;
Et cela ne vaut pas la peine d'en parler;
Ne voudriez-vous point, dis-je, sur ces matières,
De vos jeunes muguets m'inspirer les manières;
M'obliger à porter de ces petits chapeaux
Qui laissent éventer leurs débiles cerveaux,
Et de ces blonds cheveux, de qui la vaste enflure
Des visages humains offusque la figure;
De ces petits pourpoints sous les bras se perdants,
Et de ces grands collets jusqu'au nombril pendants;
De ces manches qu'à table on voit tâter les sauces,
Et de ces cotillons appelés hauts de chausses;
De ces souliers mignons, de rubans revêtus,
Qui vous font ressembler à des pigeons pattus,
Et de ces grands canons où, comme en des entraves,
On met, tous les matins, ses deux jambes esclaves,
Et par qui nous voyons ces messieurs les galants
Marcher écarquillés ainsi que des volants?
Je vous plairais, sans doute, équipé de la sorte,
Et je vous vois porter les sottises qu'on porte.

ARISTE.

Toujours au plus grand nombre on doit s'accommoder,
Et jamais il ne faut se faire regarder.
L'un et l'autre excès choque; et tout homme bien sage
Doit faire des habits ainsi que du langage,
N'y rien trop affecter, et, sans empressement,
Suivre ce que l'usage y fait de changement.
Mon sentiment n'est pas qu'on prenne la méthode
De ceux qu'on voit toujours renchérir sur la mode,
Et qui, dans cet excès dont ils sont amoureux,
Seraient fâchés qu'un autre eût été plus loin qu'eux.
Mais je tiens qu'il est mal, sur quoi que l'on se fonde,
De fuir obstinément ce que suit tout le monde,
Et qu'il vaut mieux souffrir d'être au nombre des fous,
Que du sage parti se voir seul contre tous.

SGANARELLE.
Cela sent son vieillard, qui, pour en faire accroire,
Cache ses cheveux blancs d'une perruque noire.
ARISTE.
C'est un étrange fait du soin que vous prenez
A me venir toujours jeter mon âge au nez,
Et qu'il faille qu'en moi sans cesse je vous voie
Blâmer l'ajustement aussi bien que la joie :
Comme si, condamnée à ne plus rien chérir,
La vieillesse devait ne songeait qu'à mourir,
Et d'assez de laideur n'est pas accompagnée
Sans se tenir encor malpropre et rechignée.
SGANARELLE.
Quoi qu'il en soit, je suis attaché fortement
A ne démordre point de mon habillement.
Je veux une coiffure, en dépit de la mode,
Sous qui toute ma tête ait un abri commode ;
Un bon pourpoint bien long, et fermé comme il faut,
Qui, pour bien digérer, tienne l'estomac chaud ;
Un haut de chausse fait justement pour ma cuisse ;
Des souliers où mes pieds ne soient point au supplice,
Ainsi qu'en ont usé sagement nos aïeux :
Et qui me trouve mal n'a qu'à fermer les yeux.

SCENE II.

LÉONOR, ISABELLE, LISETTE ; ARISTE et
SGANARELLE, *parlant bas ensemble sur le devant
du théâtre, sans être aperçus.*

LÉONOR, *à Isabelle.*
Je me charge de tout, en cas que l'on vous gronde.
LISETTE, *à Isabelle.*
Toujours dans une chambre à ne point voir le monde !
ISABELLE.
Il est ainsi bâti.
LÉONOR.
Je vous en plains, ma sœur.
LISETTE, *à Léonor.*
Bien vous prend que son frère ait tout une autre humeur,

Madame; et le destin vous fut bien favorable
En vous faisant tomber aux mains du raisonnable.

ISABELLE.

C'est un miracle encor qu'il ne m'ait aujourd'hui
Enfermée à la clef, ou menée avec lui.

LISETTE.

Ma foi, je l'enverrais au diable avec sa fraise,
Et...

SGANARELLE *heurté par Lisette, à Léonor.*
Où donc allez-vous, qu'il ne vous en déplaise?

LÉONOR.

Nous ne savons encore, et je pressais ma sœur
De venir du beau temps respirer la douceur :
Mais......

SGANARELLE, *à Léonor.*
Pour vous, vous pouvez aller où bon vous semble;
(*montrant Lisette.*)
Vous n'avez qu'à courir, vous voilà deux ensemble.
(*à Isabelle.*)
Mais vous, je vous défends, s'il vous plaît, de sortir.

ARISTE.

Ah! laissez-les, mon frère, aller se divertir.

SGANARELLE.

Je suis votre valet, mon frère.

ARISTE.

La jeunesse
Veut...

SGANARELLE.

La jeunesse est sotte, et parfois la vieillesse...

ARISTE.

Croyez-vous qu'elle est mal d'être avec Léonor?

SGANARELLE.

Non pas; mais avec moi je la crois mieux encor.

ARISTE.

Mais...

SGANARELLE.

Mais ses actions de moi doivent dépendre,
Et je sais l'intérêt enfin que j'y dois prendre.

ARISTE.

A celles de sa sœur ai-je un moindre intérêt?

SGANARELLE.

Mon Dieu ! chacun raisonne et fait comme il lui plaît.
Elles sont sans parents, et notre ami leur père
Nous commit leur conduite à son heure dernière ;
Et nous chargeant tous deux, ou de les épouser,
Ou, sur notre refus, un jour d'en disposer.
Sur elles, par contrat, nous sut, dès leur enfance,
Et de père et d'époux donner pleine puissance.
D'élever celle-là vous prîtes le souci,
Et moi, je me chargeai du soin de celle-ci :
Selon vos volontés vous gouvernez la vôtre ;
Laissez-moi, je vous prie, à mon gré régir l'autre.

ARISTE.

Il me semble....

SGANARELLE.

Il me semble, et je le dis tout haut,
Que sur un tel sujet c'est parler comme il faut.
Vous souffrez que la vôtre aille leste et pimpante,
Je le veux bien ; qu'elle ait et laquais et suivante,
J'y consens ; qu'elle coure, aime l'oisiveté ;
Et soit des damoiseaux flairée en liberté,
J'en suis fort satisfait : mais j'entends que la mienne
Vive à ma fantaisie, et non pas à la sienne ;
Que d'une serge honnête elle ait son vêtement,
Et ne porte le noir qu'aux bons jours seulement ;
Qu'enfermée au logis, en personne bien sage,
Elle s'applique toute aux choses du ménage,
A recoudre mon linge aux heures de loisir,
Ou bien à tricoter quelques bas par plaisir ;
Qu'aux discours des muguets elle ferme l'oreille,
Et ne sorte jamais sans avoir qui la veille.
Enfin la chair est faible, et j'entends tous les bruits,
Je ne veux point porter des cornes si je puis ;
Et, comme à m'épouser sa fortune l'appelle,
Je prétends, corps pour corps, pouvoir répondre d'elle.

ISABELLE.

Vous n'avez pas sujet, que je crois...

SGANARELLE.

Taisez-vous.
Je vous apprendrai bien s'il faut sortir sans nous.

LÉONOR.

Quoi donc ! monsieur....

SGANARELLE.

Mon Dieu ! madame, sans langage,
Je ne vous parle pas, car vous êtes trop sage.

LÉONOR.

Voyez-vous Isabelle avec nous à regret?

SGANARELLE.

Oui, vous me la gâtez, puisqu'il faut parler net.
Vos visites ici ne font que me déplaire ;
Et vous m'obligerez de ne nous en plus faire.

LÉONOR.

Voulez-vous que mon cœur vous parle net aussi ?
J'ignore de quel œil elle voit tout ceci ;
Mais je sais ce qu'en moi ferait la défiance :
Et, quoiqu'un même sang nous ait donné naissance,
Nous sommes bien peu sœurs, s'il faut que chaque [jour
Vos manières d'agir lui donnent de l'amour.

LISETTE.

En effet, tous ces soins sont des choses infames:
Sommes-nous chez les Turcs, pour renfermer les fem-
Car on dit qu'on les tient esclaves en ce lieu , [mes?
Et que c'est pour cela qu'ils sont maudits de Dieu.
Notre honneur est, monsieur, bien sujet à faiblesse,
S'il faut qu'il ait besoin qu'on le garde sans cesse.
Pensez-vous, après tout, que ces précautions
Servent de quelque obstacle à nos intentions ?
Et, quand nous nous mettons quelque chose à la tête,
Que l'homme le plus fin ne soit pas une bête,
Toutes ces gardes-là sont visions des fous ;
Le plus sûr est, ma foi, de se fier en nous :
Qui nous gêne, se met en un péril extrême,
Et toujours notre honneur veut se garder lui-même.
C'est nous inspirer presque un désir de pécher;
Que montrer tant de soins de nous en empêcher ;
Et, si par un mari je me voyais contrainte,
J'aurais fort grande pente à confirmer sa crainte.

SGANARELLE, *à Ariste*.

Voilà, beau précepteur, votre éducation ;
Et vous souffrez cela sans nulle émotion ?

ARISTE.

Mon frère, son discours ne doit que faire rire :
Elle a quelque raison en ce qu'elle veut dire.
Leur sexe aime à jouir d'un peu de liberté ;
On le retient fort mal par tant d'austerité ;
Et les soins defiants, les verroux et les grilles,
Ne font pas vertu des femmes ni des filles :
C'est l'honneur qui les doit tenir dans le devoir,
Non la sévérité que nous leur faisons voir.
C'est une étrange chose, à vous parler sans feinte,
Qu'une femme qui n'est sage que par contrainte.
En vain sur tous ses pas nous prétendons régner,
Je trouve que le cœur est ce qu'il faut gagner,
Et je ne tiendrais, moi, quelque soin qu'on se donne,
Mon honneur guère sûr aux mains d'une personne
A qui, dans les désirs qui pourraient l'assaillir,
Il ne manquerait rien qu'un moyen de faillir.

SCANARELLE.

Chansons que tout cela.

ARISTE.

Soit ; mais je tiens sans cesse
Qu'il nous faut en riant instruire la jeunesse,
Reprendre ses défauts avec grande douceur,
Et du nom de vertu ne lui point faire peur.
Mes soins pour Léonor ont suivi ces maximes ;
Des moindres libertés je n'ai point fait des crimes ;
A ses jeunes désirs j'ai toujours consenti,
Et je ne m'en suis point, grace au ciel, repenti.
J'ai souffert qu'elle ait vu les belles compagnies,
Les divertissements, les bals, les comédies :
Ce sont choses, pour moi, que je tiens de tout temps
Fort propres à former l'esprit des jeunes gens ;
Et l'école du monde en l'air dont il faut vivre
Instruit mieux à mon gré que ne fait aucun livre.
Elle aime à dépenser en habits, linge et nœuds :
Que voulez-vous ? je tache à contenter ses vœux ;
Et ce sont des plaisirs qu'on peut, dans nos familles,
Lorsque l'on a du bien, permettre aux jeunes filles.
Un ordre paternel l'oblige à m'épouser ;
Mais mon dessein n'est pas de la tyranniser.

Je sais bien que nos ans ne se rapportent guère,
Et je laisse à son choix liberté tout entière.
Si quatre mille écus de rente bien venants,
Une grande tendresse et des soins complaisants,
Peuvent, à son avis, pour un tel mariage,
Réparer entre nous l'inégalité d'âge,
Elle peut m'épouser; sinon, choisir ailleurs.
Je consens que sans moi ses destins soient meilleurs;
Et j'aime mieux la voir sous un autre hyménée,
Que si contre son gré sa main m'était donnée.

SGANARELLE.

Hé! qu'il est doucereux! c'est tout sucre et tout miel!

ARISTE.

Enfin, c'est mon humeur, et j'en rends grace au ciel.
Je ne suivrais jamais ces maximes sévères
Qui font que les enfants comptent les jours des pères.

SGANARELLE.

Mais ce qu'en la jeunesse on prend de liberté
Ne se retranche pas avec facilité;
Et tous ses sentiments suivront mal votre envie,
Quand il faudra changer sa manière de vie.

ARISTE.

Et pourquoi la changer?

SGANARELLE.

Pourquoi?

ARISTE.

Oui.

SGANARELLE.

Je ne sai.

ARISTE.

Y voit-on quelque chose où l'homme soit blessé?

SGANARELLE.

Quoi! si vous l'épousez, elle pourra prétendre
Les mêmes libertés que fille on lui voit prendre?

ARISTE.

Pourquoi non?

SGANARELLE.

Vos désirs lui seront complaisants
Jusques à lui laisser et mouches et rubans?

ARISTE.

Sans doute.

SGANARELLE.

A lui souffrir, en cervelle troublée,
De courir tous les bals et les lieux d'assemblée?

ARISTE.

Oui vraiment.

SGANARELLE.

Et chez vous iront les damoiseaux?

ARISTE.

Et quoi donc?

SGANARELLE.

Qui joueront et donneront cadeaux?

ARISTE.

D'accord.

SGANARELLE.

Et votre femme entendra les fleurettes?

ARISTE.

Fort bien.

SGANARELLE.

Et vous verrez ces visites muguettes
D'un œil à témoigner de n'en être point saoul?

ARISTE.

Cela s'entend.

SGANARELLE.

Allez, vous êtes un vieux u.
(à Isabelle.)
Rentrez pour n'ouïr point cette pratique infame.

SCENE III.

ARISTE, SGANARELLE, LEONOR, LISETTE.

ARISTE.

Je veux m'abandonner à la foi de ma femme,
Et prétends toujours vivre ainsi que j'ai vécu.

SGANARELLE.

Que j'aurai de plaisir si l'on le fait cocu!

ARISTE.

J'ignore pour quel sort mon astre m'a fait naître:
Mais je sais que pour vous, si vous manquez de l'être,

On ne vous en doit point imputer le défaut ;
Car vos soins pour cela font bien tout ce qu'il faut.

SGANARELLE.

Riez donc, beau fleur. Oh ! que cela doit plaire
De voir un goguenard presque sexagénaire !

LÉONOR.

Du sort dont vous parlez, je le garantis, moi,
S'il faut que par l'hymen il reçoive ma foi ;
Il s'y peut assurer : mais sachez que mon ame
Ne répondrait de rien si j'étais votre femme.

LISETTE.

C'est conscience à ceux qui s'assurent en nous ;
Mais c'est pain béni, certe, à des gens comme vous.

SGANARELLE.

Allez, langue maudite et des plus mal apprises.

ARISTE.

Vous vous êtes, mon frère, attiré ces sottises.
Adieu. Changez d'humeur, et soyez averti
Que renfermer sa femme est un mauvais parti.
Je suis votre valet.

SGANARELLE.

Je ne suis pas le vôtre.

SCÈNE IV.

SGANARELLE, seul.

Oh ! que les voilà bien tous formés l'un pour l'autre !
Quelle belle famille ! un vieillard insensé,
Qui fait le damaret dans un corps tout cassé,
Une fille maîtresse et coquette suprême !
Des valets impudents ! Non, la sagesse même
N'en viendrait pas à bout, perdrait sens et raison
A vouloir corriger une telle maison.
Isabelle pourrait perdre dans ces hantises
Les semences d'honneur qu'avec nous elle a prises
Et, pour l'en empêcher, dans peu nous prétendons
Lui faire aller revoir nos choux et nos dindons.

SCENE V.

VALÈRE, SGANARELLE, ERGASTE.

VALÈRE, *dans le fond du théâtre.*
Ergaste, le voilà cet Argus que j'abhorre,
Le sévère tuteur de celle que j'adore.

SGANARELLE, *se croyant seul.*
N'est-ce pas quelque chose enfin de surprenant
Que la corruption des mœurs de maintenant?

VALÈRE.
Je voudrais l'accoster, s'il est en ma puissance,
Et tâcher de lier avec lui connaissance.

SGANARELLE, *se croyant seul.*
Au lieu de voir régner cette sévérité
Qui composait si bien l'ancienne honnêteté,
La jeunesse en ces lieux, libertine, absolue,
Ne prend...

(*Valère salue Sganarelle de loin.*)
VALÈRE.
Il ne voit pas que c'est lui qu'on salue.

ERGASTE.
Son mauvais œil peut-être est de ce côté-ci.
Passons du côté droit.

SGANARELLE *se croyant seul*
Il faut sortir d'ici.
Le séjour de la ville en moi ne peut produire
Que des...

VALÈRE, *en s'approchant peu à peu.*
Il faut chez lui tâcher de m'introduire.

SGANARELLE, *entendant quelque bruit.*
Hé!... j'ai cru qu'on parlait.
(*se croyant seul*).
Aux champs, graces aux cieux,
Les sottises du temps ne blessent point mes yeux.

ERGASTE, *à Valère.*
Abordez-le.

SGANARELLE, *entendant encore du bruit*
Plaît-il?
(*n'entendant plus rien.*)
Les oreilles me cornent.

(se croyant seul.)
Là tous les passetemps de nos filles se bornent...
(Il aperçoit Valère qui le salue.)
Est-ce à nous?

ERGASTE, *à Valère*

Approchez.

SGANARELLE, *sans prendre garde à Valère*

Là, nul godelureau
(Valère le salue encore.)
Ne vient... Que diable...?
(Il se tourne, et voit Ergaste qui le salue de l'autre côté.
Encor! Que de coups de chapeau

VALÈRE.

Monsieur, un tel abord vous interrompt peut-être?

SGANARELLE.

Cela se peut.

VALÈRE.

Mais quoi! l'honneur de vous connaître
Est un si grand bonheur, est un si doux plaisir,
Que de vous saluer j'avais un grand désir.

SGANARELLE.

Soit.

VALÈRE.

Et de vous venir, mais sans nul artifice,
Assurer que je suis tout à votre service.

SGANARELLE.

Je le crois.

VALÈRE.

J'ai le bien d'être de vos voisins,
Et j'en dois rendre grace à mes heureux destins.

SGANARELLE.

C'est bien fait.

VALÈRE.

Mais, monsieur, savez-vous les nouvelle
Que l'on dit à la cour, et qu'on tient pour fidèles?

SGANAREELLE.

Que m'importe?

VALÈRE.

Il est vrai ; mais pour les nouveautés
On peut avoir parfois des curiosités.
Vous irez voir, monsieur, cette magnificence
Que de notre dauphin prépare la naissance !

SGANARELLE.

Si je veux.

VALÈRE.

Avouons que Paris nous fait part
De cent plaisirs charmants qu'on n'a point autre part.
Les provinces auprès sont des lieux solitaires.
A quoi donc passez-vous le temps ?

SGANARELLE.

A mes affaires.

VALÈRE.

L'esprit veut du relâche, et succombe parfois
Par trop d'attachement aux sérieux emplois.
Que faites-vous les soirs avant qu'on se retire ?

SGANARELLE.

Ce qui me plaît.

VALÈRE.

Sans doute, on ne peut pas mieux dire ;
Cette réponse est juste, et le bon sens paraît
A ne vouloir jamais faire que ce qui plaît
Si je ne vous croyais l'âme trop occupée,
J'irais parfois chez vous passer l'après-soupée.

SGANARELLE.

Serviteur.

SCÈNE VI.

VALÈRE, ERGASTE.

VALÈRE.

Que dis-tu de ce bizarre fou ?

ERGASTE.

Il a le repart brusque, et l'accueil loup-garou.

VALÈRE.

Ah ! j'enrage !

ERGASTE.

Et de quoi ?

VALÈRE.
           De quoi ? C'est que j'enrage
De voir celle que j'aime au pouvoir d'un sauvage,
D'un dragon surveillant, dont la sévérité
Ne lui laisse jouir d'aucune liberté.
ERGASTE.
C'est ce qui fait pour vous ; et sur ces conséquences
Votre amour doit fonder de grandes espérances.
Apprenez, pour avoir votre esprit raffermi,
Qu'une femme qu'on garde est gagnée à demi,
Et que les noirs chagrins des maris ou des pères
Ont toujours du galant avancé les affaires.
Je coquette fort peu, c'est mon moindre talent,
Et de profession je ne suis point galant ;
Mais j'en ai servi vingt de ces chercheurs de proie,
Qui disaient fort souvent que leur plus grande joie
Était de rencontrer de ces maris fâcheux
Qui jamais sans gronder ne reviennent chez eux,
De ces brutaux fieffés qui, sans raison ni suite,
De leurs femmes en tout contrôlent la conduite,
Et, du nom de mari fièrement se parant,
Leur rompent en visière aux yeux des soupirants.
On en sait, disent-ils, prendre ses avantages ;
Et l'aigreur de la dame, à ces sortes d'outrages
Dont la plaint doucement le complaisant témoin,
Est un champ à pousser les choses assez loin.
En un mot, ce vous est une attente assez belle
Que la sévérité du tuteur d'Isabelle.
VALÈRE.
Mais, depuis quatre mois que je l'aime ardemment,
Je n'ai pour lui parler pu trouver un moment.
ERGASTE.
L'amour rend inventif ; mais vous ne l'êtes guère,
Et si j'avais été...
VALÈRE.
           Mais, qu'aurais-tu pu faire,
Puisque sans ce brutal on ne la voit jamais,
Et qu'il n'est là-dedans servantes ni valets,
Dont par l'appât flatteur de quelque récompense,
Je puisse pour mes feux ménager l'assistance ?

ERGASTE.

Elle ne sait donc pas encor que vous l'aimez?

VALÈRE.

C'est un point dont mes vœux ne sont pas informés.
Partout où ce farouche a conduit cette belle,
Elle m'a toujours vu comme une ombre après elle;
Et mes regards aux siens ont tâché chaque jour
De pouvoir expliquer l'excès de mon amour.
Mes yeux ont fort parlé; mais qui me peut apprendre
Si leur langage enfin a pu se faire entendre?

ERGASTE.

Ce langage, il est vrai, peut être obscur parfois,
S'il n'a pour truchement l'écriture ou la voix.

VALÈRE.

Que faire pour sortir de cette peine extrême,
Et savoir si la belle a connu que je l'aime?
Dis-m'en quelque moyen.

ERGASTE.

C'est ce qu'il faut trouver.
Entrons un peu chez vous afin d'y mieux rêver.

FIN DU PREMIER ACTE.

ACTE II.

SCÈNE PREMIÈRE.

ISABELLE, SGANARELLE.

SGANARELLE.

Va, je sais la maison, et connais la personne
Aux marques seulement que ta bouche me donne.

ISABELLE, *à part.*

O ciel, sois-moi propice, et seconde en ce jour
Le stratagème adroit d'un innocent amour!

SGANARELLE.

Dis-tu pas qu'on t'a dit qu'il s'appelle Valère?

ISABELLE.

Oui.

SGANARELLE.

Va, sois en repos, rentre, et me laisse faire;
Je vais parler sur l'heure à ce jeune étourdi.

ISABELLE, *en s'en allant.*

Je fais, pour une fille, un projet bien hardi :
Mais l'injuste rigueur dont envers moi l'on use,
Dans tout esprit bien fait me servira d'excuse.

SCÈNE II.

SGANARELLE, *seul.*

(*Il va frapper à sa porte, croyant que c'est celle de Valère*)
Ne perdons point de temps; c'est ici. Qui va là?
Bon! je rêve. Holà! dis-je, holà! quelqu'un, holà!
Je ne m'étonne pas, après cette lumière,
S'il y venait tantôt de si douce manière;
Mais je veux me hâter, et de son fol espoir...

SCENE III.

VALÈRE, SGANARELLE, ERGASTE.

SGANARELLE, *à Ergaste qui est sorti brusquement.*
Peste soit du gros bœuf, qui, pour me faire choir,
Se vient devant mes pas planter comme une perche!

VALÈRE.
Monsieur, j'ai du regret...

SGANARELLE.
Ah! c'est vous que je cherche.

VALÈRE.
Moi, monsieur?

SGANARELLE.
Vous. Valère est-il pas votre nom?

VALÈRE.
Oui.

SGANARELLE.
Je viens vous parler, si vous le trouvez bon.

VALÈRE.
Puis-je être assez heureux pour vous rendre service?

SGANARELLE.
Non. Mais je prétends, moi, vous rendre un bon office;
Et c'est ce qui chez vous prend droit de m'amener.

VALÈRE.
Chez moi, monsieur.

SGANARELLE.
Chez vous. Faut-il tant s'étonner?

VALÈRE.
J'en ai bien du sujet; et mon ame ravie
De l'honneur...

SGANARELLE.
Laissons-là cet honneur, je vous prie.

VALÈRE.
Voulez-vous pas entrer?

SGANARELLE.
Il n'en est pas besoin.

VALÈRE.
Monsieur, de grace.

SGANARELLE.

Non, je n'irai pas plus loin.

VALÈRE.

Tant que vous serez là, je ne puis vous entendre.

SGANARELLE.

Moi, je n'en veux bouger.

VALÈRE.

Hé bien! il faut se rendre
Vite, puisque monsieur à cela se résout,
Donnez un siége ici.

SGANARELLE.

Je veux parler debout.

VALÈRE.

Vous souffrir de la sorte?

SGANARELLE.

Ah! contrainte effroyable!

VALÈRE.

Cette incivilité serait trop condamnable.

SGANARELLE.

C'en est une que rien ne saurait égaler,
De n'ouïr pas les gens qui veulent nous parler.

VALÈRE.

Je vous obéis donc.

SGANARELLE.

Vous ne sauriez mieux faire.
(*Ils font de grandes cérémonies pour se couvrir.*)
Tant de cérémonie est fort peu nécessaire.
Voulez-vous m'écouter?

VALÈRE.

Sans doute, et de grand cœur.

SGANARELLE.

Savez-vous, dites-moi, que je suis le tuteur
D'une fille assez jeune et passablement belle,
Qui loge en ce quartier, et qu'on nomme Isabelle?

VALÈRE.

Oui.

SGANARELLE.

Si vous le savez, je ne vous l'apprends pas.
Mais savez-vous aussi, lui trouvant des appas,

Qu'autrement qu'en tuteur sa personne me touche,
Et qu'elle est destinée à l'honneur de ma couche.

VALÈRE.

Non.

SGANARELLE.

Je vous l'apprends donc, et qu'il est à propos
Que vos feux, s'il vous plait, la laissent en repos.

VALÈRE.

Qui moi, monsieur ?

SGANARELLE.

Oui, vous. Mettons bas toute feinte.

VALÈRE.

Qui vous a dit que j'ai pour elle l'âme atteinte ?

SGANARELLE.

Des gens à qui l'on peut donner quelque crédit.

VALÈRE.

Mais encore ?

SGANARELLE.

Elle-même.

VALÈRE.

Elle ?

SGANARELLE.

Elle. Est-ce assez dit ?
Comme une fille honnête, et qui m'aime d'enfance,
Elle vient de m'en faire entière confidence,
Et de plus, m'a chargé de vous donner avis
Que, depuis que par vous tous ses pas sont suivis,
Son cœur, qu'avec excès votre poursuite outrage,
N'a que trop de vos yeux entendu le langage ;
Que vos secrets désirs lui sont assez connus ;
Et que c'est vous donner des soucis superflus
De vouloir davantage expliquer une flamme
Qui choque l'amitié que me garde son ame.

VALÈRE.

C'est elle, dites-vous, qui de sa part vous fait...

SGANARELLE.

Oui, vous venir donner cet avis franc et net ;
Et qu'ayant vu l'ardeur dont votre ame est blessée,
Elle vous eût plus tôt fait savoir sa pensée,

Si son cœur avait eu, dans son émotion,
A qui pouvoir donner cette commission ;
Mais qu'enfin la douleur d'une contrainte extrême
L'a réduite à vouloir se servir de moi-même,
Pour vous rendre averti, comme je vous ai dit,
Qu'à tout autre que moi son cœur est interdit,
Que vous avez assez joué de la prunelle,
Et que, si vous avez tant soit peu de cervelle,
Vous prendrez d'autres soins. Adieu ! jusqu'au revoir,
Voilà ce que j'avais à vous faire savoir.

VALÈRE, *bas.*

Ergaste, que dis-tu d'une telle aventure?

SGANARELLE, *bas à part.*

Le voilà bien surpris !

ERGASTE, *bas à Valère.*

Selon ma conjecture,
Je tiens qu'elle n'a rien de déplaisant pour vous,
Qu'un mystère assez fin est caché là-dessous,
Et qu'enfin cet avis n'est pas d'une personne
Qui veuille voir cesser l'amour qu'elle vous donne.

SGANARELLE, *à part.*

Il en tient comme il faut.

VALÈRE, *bas à Ergaste.*

Tu crois mystérieux...

ERGASTE, *bas.*

Oui... Mais il nous observe, ôtons-nous de ses yeux.

SCÈNE IV.

SGANARELLE, *seul.*

Que sa confusion paraît sur son visage !
Il ne s'attendait pas sans doute à ce message.
Appelons Isabelle : elle montre le fruit
Que l'éducation dans une ame produit;
La vertu fait ses soins, et son cœur s'y consomme
Jusques à s'offenser des seuls regards d'un homme.

SCÈNE V.

ISABELLE, SGANARELLE.

ISABELLE, *bas, en entrant.*

J'ai peur que cet amant, plein de sa passion,
N'ait pas de mon avis compris l'intention ;
Et j'en veux, dans les fers où je suis prisonnière,
Hasarder un qui parle avec plus de lumière.

SGANARELLE.

Me voilà de retour.

ISABELLE.

Hé bien ?

SGANARELLE.

Un plein effet
A suivi tes discours, et ton homme à son fait.
Il me voulait nier que son cœur fût malade :
Mais lorsque de ta part j'ai marqué l'ambassade,
Il est resté d'abord et muet et confus,
Et je ne pense pas qu'il y revienne plus.

ISABELLE.

Ah ! que me dites-vous ? J'ai bien peur du contraire,
Et qu'il ne nous prépare encor plus d'une affaire.

SGANARELLE.

Et sur quoi fondes-tu cette peur que tu dis ?

ISABELLE.

Vous n'avez pas été plutôt hors du logis,
Qu'ayant, pour prendre l'air, la tête à ma fenêtre,
J'ai vu dans ce détour un jeune homme paraître
Qui d'abord, de la part de cet impertinent,
Est venu me donner un bonjour surprenant,
Et m'a, droit dans ma chambre, une boîte jetée
Qui renferme une lettre en poulet cachetée.
J'ai voulu sans tarder lui rejeter le tout ;
Mais ses pas de la rue avaient gagné le bout,
Et je m'en sens le cœur tout gros de fâcherie.

SGANARELLE.

Voyez un peu la ruse et la friponnerie !

ISABELLE.

Il est de mon devoir de faire promptement
Reporter boîte et lettre à ce maudit amant ;
Et j'aurais pour cela besoin d'une personne...
Car, d'oser à vous-même...

SGANARELLE.

Au contraire, mignonne,
C'est me faire mieux voir ton amour et ta foi,
Et mon cœur avec joie accepte cet emploi :
Tu m'obliges par là plus que je ne puis dire.

ISABELLE.

Tenez donc.

SGANARELLE.

Bon. Voyons ce qu'il a pu t'écrire.

ISABELLE.

Ah! ciel! gardez-vous bien de l'ouvrir.

SGANARELLE.

Et pourquoi?

ISABELLE.

Lui voulez-vous donner à croire que c'est moi?
Une fille d'honneur doit toujours se défendre
De lire les billets qu'un homme lui fait rendre.
La curiosité qu'on fait lors éclater
Marque un secret plaisir de s'en ouïr conter ;
Et je trouve à propos que, toute cachetée
Cette lettre lui soit promptement reportée,
Afin que d'autant mieux il connaisse aujourd'hui
Le mépris éclatant que mon cœur fait de lui ;
Que ses feux désormais perdent toute espérance,
Et n'entreprennent plus pareille extravagance.

SGANARELLE.

Certes, elle a raison lorsqu'elle parle ainsi.
Va, ta vertu me charme, et ta prudence aussi ;
Je vois que mes leçons ont germé dans ton ame,
Et tu te montres digne enfin d'être ma femme.

ISABELLE.

Je ne veux pas pourtant gêner votre désir.
La lettre est dans vos mains et vous pouvez l'ouvrir.

SGANARELLE.
Non, je n'ai garde; hélas! tes raisons sont trop bonnes;
Et je vais m'acquitter du soin que tu me donnes;
A quatre pas de là dire ensuite deux mots,
Et revenir ici te remettre en repos.

SCENE VI.

SGANARELLE, seul.

Dans quel ravissement est-ce que mon cœur nage,
Lorsque je vois en elle une fille si sage!
C'est un trésor d'honneur que j'ai dans ma maison.
Prendre un regard d'amour pour une trahison!
Recevoir un poulet comme une injure extrême,
Et le faire au galant reporter par moi-même!
Je voudrais bien savoir, en voyant tout ceci,
Si celle de mon frère en userait ainsi.
Ma foi, les filles sont ce que l'on les fait être.
Holà.

(Il frappe à la porte de Valère.)

SCÈNE VII.

SGANARELLE, ERGASTE.

ERGASTE.
Qu'est-ce?

SGANARELLE.
Tenez, dites à votre maître
Qu'il ne s'ingère pas d'oser écrire encor
Des lettres qu'il envoie avec des boites d'or,
Et qu'Isabelle en est puissamment irritée.
Voyez, on ne l'a pas au moins décachetée;
Il connaîtra l'état que l'on fait de ses feux,
Et quel heureux succès il doit espérer d'eux.

SCENE VIII.

VALÈRE, ERGASTE.

VALÈRE.
Que vient de te donner cette farouche bête?

ERGASTE.
Cette lettre, monsieur, qu'avecque cette boite

On prétend qu'ait reçue Isabelle de vous,
Et dont elle est, dit-il, en un fort grand courroux.
C'est sans vouloir l'ouvrir qu'elle vous la fait rendre.
Lisez vite, et voyons si je me puis méprendre.

VALÈRE *lit.*

« Cette lettre vous surprendra sans doute; et l'on
« peut trouver bien hardi pour moi, et le dessein de
« vous l'écrire, et la manière de vous la faire tenir;
« mais je me vois dans un état à ne plus garder
« de mesure. La juste horreur d'un mariage dont je
« suis menacée dans six jours, me fait hasarder toutes
« choses; et, dans la résolution de m'en affranchir
« par quelque voie que ce soit, j'ai cru que je devais
« plutôt vous choisir que le désespoir. Ne croyez pas
« pourtant que vous soyez redevable de tout à ma
« mauvaise destinée : ce n'est pas la contrainte où je
« me trouve qui a fait naître les sentiments que j'ai
« pour vous; mais c'est elle qui en précipite le témoi-
« gnage, et qui me fait passer sur des formalités où
« la bienséance du sexe oblige. Il ne tiendra qu'à vous
« que je sois à vous bientôt, et j'attends seulement
« que vous m'ayez marqué les intentions de votre
» amour pour vous faire savoir la résolution que j'ai
« prise : mais, surtout, songez que le temps presse,
« et que deux cœurs qui s'aiment doivent s'entendre
« à demi-mot. »

ERGASTE.

Hé bien! monsieur, le tour est-il original?
Pour une jeune fille elle n'en sait pas mal!
De ses ruses d'amour la croirait-on capable?

VALÈRE

Ah! je la trouve là tout à fait adorable.
Ce trait de son esprit et de son amitié
Accroît pour elle encor mon amour de moitié;
Et joint aux sentiments que sa beauté m'inspire...

ERGASTE.

La dupe vient : songez à ce qu'il faut dire.

SCENE IX.

SGANARELLE, VALÈRE, ERGASTE.

SGANARELLE, *se croyant seul.*
Oh! trois et quatre fois béni soit cet édit
Par qui des vêtements le luxe est interdit!
Les peines des maris ne seront plus si grandes,
Et les femmes auront un frein à leurs demandes.
Oh! que je sais au roi bon gré de ces décris!
Et que, pour le repos de ces mêmes maris,
Je voudrais bien qu'on fît de la coquetterie
Comme de la guipure et de la broderie!
J'ai voulu l'acheter, l'édit, expressément,
Afin que d'Isabelle il soit lu hautement;
Et ce sera tantôt, n'étant plus occupée,
Le divertissement de notre après-soupée.
(*apercevant Valère.*)
Envoierez-vous encor, monsieur aux blonds cheveux,
Avec des boîtes d'or des billets amoureux?
Vous pensiez bien trouver quelque jeune coquette,
Friande de l'intrigue, et tendre à la fleurette?
Vous voyez de quel air on reçoit vos joyaux?
Croyez-moi, c'est tirer votre poudre aux moineaux:
Elle est sage, elle m'aime, et votre amour l'outrage.
Prenez visée ailleurs, et troussez-moi bagage.

VALÈRE.
Oui, oui, votre mérite, à qui chacun se rend,
Est à mes vœux, monsieur, un obstacle trop grand;
Et c'est folie, à moi, dans mon ardeur fidèle,
De prétendre avec vous à l'amour d'Isabelle.

SGANARELLE.
Il est vrai, c'est folie.

VALÈRE.
    Aussi n'aurais-je pas
Abandonné mon cœur à suivre ses appas,
Si j'avais pu savoir que ce cœur misérable
Dût trouver un rival comme vous redoutable.

SGANARELLE.
Je le crois.

VALÈRE.
Je n'ai garde à présent d'espérer :
Je vous cède, monsieur, et c'est sans murmurer.
SGANARELLE.
Vous faites bien.
VALÈRE.
Le droit de la sorte l'ordonne ;
Et de tant de vertus brille votre personne,
Que j'aurais tort de voir d'un regard de courroux
Les tendres sentiments qu'Isabelle a pour vous.
SGANARELLE.
Cela s'entend.
VALÈRE.
Oui, oui, je vous quitte la place :
Mais je vous prie au moins, et c'est la seule grace,
Monsieur, que vous demande un misérable amant
Dont vous seul aujourd'hui causez tout le tourment,
Je vous conjure donc d'assurer Isabelle
Que, si depuis trois mois mon cœur brûle pour elle,
Cette amour est sans tache, et n'a jamais pensé
A rien dont son honneur ait lieu d'être offensé.
SGANARELLE.
Oui.
VALÈRE.
Que, ne dépendant que du choix de mon ame,
Tous mes desseins étaient de l'obtenir pour femme,
Si les destins, en vous qui captivez son cœur,
N'opposaient un obstacle à cette juste ardeur.
SGANARELLE.
Fort bien.
VALÈRE.
Que, quoi qu'on fasse, il ne lui faut pas croire
Que jamais ses appas sortent de ma mémoire ;
Que, quelque arrêt des cieux qu'il me faille subir,
Mon sort est de l'aimer jusqu'au dernier soupir ;
Et que, si quelque chose étouffe mes poursuites,
C'est le juste respect que j'ai pour vos mérites.
SGANARELLE.
C'est parler sagement ; et je vais de ce pas
Lui faire ce discours qui ne la choque pas ;

Mais, si vous me croyez, tâchez de faire en sorte
Que de votre cerveau cette passion sorte.
Adieu.
ERGASTE, à Valère.
La dupe est bonne!

SCENE X.
SGANARELLE, seul.

      Il me fait grand'pitié,
Ce pauvre malheureux trop rempli d'amitié;
Mais c'est un mal pour lui de s'être mis en tête
De vouloir prendre un fort qui se voit ma conquête.
(Sganarelle heurte à sa porte.)

SCENE XI.
SGANARELLE, ISABELLE.

SGANARELLE.
Jamais amant n'a fait tant de trouble éclater,
Au poulet renvoyé sans le décacheter :
Il perd toute espérance enfin, et se retire;
Mais il m'a tendrement conjuré de te dire:
« Que du moins en t'aimant, il n'a jamais pensé
« A rien dont ton honneur ait lieu d'être offensé,
« Et que, ne dépendant que du choix de son ame,
« Tous ses désirs étaient de t'obtenir pour femme,
« Si les destins, en moi qui captive ton cœur,
« N'opposaient un obstacle à cette juste ardeur;
« Que, quoi qu'on puisse faire, il ne te faut pas croire
« Que jamais tes appas sortent de sa mémoire;
« Que, quelque arrêt des cieux qu'il lui faille subir,
« Son sort est de t'aimer jusqu'au dernier soupir;
« Et que, si quelque chose étouffe sa poursuite,
« C'est le juste respect qu'il a pour mon mérite. »
Ce sont ses propres mots; et loin de le blâmer,
Je le trouve honnête homme, et le plains de t'aimer.
ISABELLE, bas.
Ses feux ne trompent point ma secrète croyance,
Et toujours ses regards m'en ont dit l'innocence.

SGANARELLE.

Que dis-tu?

ISABELLE.

Qu'il m'est dur que vous plaigniez si fort
Un homme que je hais à l'égal de la mort;
Et que, si vous m'aimiez autant que vous le dites,
Vous sentiriez l'affront que me font ses poursuites.

SGANARELLE.

Mais il ne savait pas tes inclinations;
Et, par l'honnêteté de ses intentions,
Son amour ne mérite....

ISABELLE.

Est-ce les avoir bonnes,
Dites-moi, de vouloir enlever les personnes?
Est-ce être homme d'honneur de former des desseins
Pour m'épouser de force en m'ôtant de vos mains?
Comme si j'étais fille à supporter la vie
Après qu'on m'aurait fait une telle infamie !

SGANARELLE.

Comment?

ISABELLE.

Oui, oui; j'ai su que ce traître d'amant
Parle de m'obtenir par un enlèvement;
Et j'ignore, pour moi, les pratiques secrètes
Qui l'ont instruit sitôt du dessein que vous faites
De me donner la main dans huit jours au plus tard,
Puisque ce n'est que d'hier que vous m'en fîtes part;
Mais il veut prévenir, dit-on, cette journée
Qui doit à votre sort unir ma destinée.

SGANARELLE.

Voilà qui ne vaut rien.

ISABELLE.

Oh! que pardonnez-moi !
C'est un fort honnête homme, et qui ne sent pour moi..

SGANARELLE.

Il a tort; et ceci passe la raillerie.

ISABELLE.

Allez, votre douceur entretient sa folie;
S'il vous eût vu tantôt lui parler vertement,
Il craindrait vos transports et mon ressentiment,

ACTE II, SCENE XI.

Car c'est encor depuis sa lettre méprisée,
Qu'il a dit ce dessein qui m'a scandalisée ;
Et son amour conserve, ainsi que je l'ai su,
La croyance qu'il est dans mon cœur bien reçu,
Que je fuis votre hymen, quoi que le monde en croie,
Et me verrais tirer de vos mains avec joie.

SGANARELLE.

Il est fou.

ISABELLE.

Devant vous il sait se déguiser ;
Et son intention est de vous amuser.
Croyez, par ses beaux mots, que le traître vous joue.
Je suis bien malheureuse, il faut que je l'avoue,
Qu'avecque tous mes soins pour vivre dans l'honneur
Et rebuter les vœux d'un lâche suborneur,
Il faille être exposée aux fâcheuses surprises
De voir faire sur moi d'infâmes entreprises !

SGANARELLE.

Va, ne redoute rien.

ISABELLE.

Pour moi, je vous le di,
Si vous n'éclatez fort contre un trait si hardi,
Et ne trouvez bientôt moyen de me défaire
Des persécutions d'un pareil téméraire,
J'abandonnerai tout, et renonce à l'ennui
De souffrir les affronts que je reçois de lui.

SGANARELLE.

Ne t'afflige point tant ; va, ma petite femme,
Je m'en vais le trouver et lui chanter sa gamme.

ISABELLE.

Dites-lui bien au moins qu'il le nierait en vain,
Que c'est de bonne part qu'on m'a dit son dessein ;
Et qu'après cet avis, quoi qu'il puisse entreprendre,
J'ose le défier de me pouvoir surprendre ;
Enfin que, sans plus perdre et soupirs et moments,
Il doit savoir pour vous quels sont mes sentiments ;
Et que, si d'un malheur il ne veut pas être cause,
On ne se fasse pas deux fois dire une chose.

SGANARELLE.

Je dirai ce qu'il faut.

6

ISABELLE.
Mais tout cela d'un ton
Qui marque que mon cœur lui parle tout de bon.
SGANARELLE.
Va, je n'oublierai rien, je t'en donne assurance.
ISABELLE.
J'attends votre retour avec impatience ;
Hatez-le, s'il vous plaît, de tout votre pouvoir.
Je languis quand je suis un moment sans vous voir.
SGANARELLE.
Va, pouponne, mon cœur, je reviens tout à l'heure.

SCENE XII.
SGANARELLE, seul.

Est-il une personne et plus sage et meilleure?
Ah! que je suis heureux! et que j'ai de plaisir
De trouver une femme au gré de mon désir!
Oui, voilà comme il faut que les femmes soient faites;
Et non, comme j'en sais, de ces franches coquettes
Qui s'en laissent conter, et font dans tout Paris
Montrer au bout du doigt leurs honnêtes maris.
(Il frappe à la porte de Valère.)
Holà, notre galant aux belles entreprises!

SCENE XIII.
VALÈRE, SGANARELLE, ERGASTE.

VALÈRE.
Monsieur, qui vous ramène en ces lieux?
SGANARELLE.
Vos sottises.
VALÈRE.
Comment?
SGANARELLE.
Vous savez bien de quoi je veux parler.
Je vous croyais plus sage, à ne vous rien celer.
Vous venez m'amuser de vos belles paroles,
Et conservez sous main vos espérances folles.
Voyez-vous, j'ai voulu doucement vous traiter ;
Mais vous m'obligerez à la fin d'éclater.

N'avez-vous point de honte, étant ce que vous êtes,
De faire en votre esprit les projets que vous faites?
De prétendre enlever une fille d'honneur,
Et troubler un hymen qui fait tout son bonheur.

VALÈRE.

Qui vous a dit, monsieur, cette étrange nouvelle?

SGANARELLE.

Ne dissimulons point, je la tiens d'Isabelle,
Qui vous mande par moi, pour la dernière fois,
Qu'elle vous a fait voir assez quel est son choix;
Que son cœur, tout à moi, d'un tel projet s'offense;
Qu'elle mourrait plutôt qu'en souffrir l'insolence;
Et que vous causerez de terribles éclats,
Si vous ne mettez fin à tout cet embarras.

VALÈRE.

S'il est vrai qu'elle ait dit ce que je viens d'entendre,
J'avouerai que mes feux n'ont rien plus à prétendre;
Par ces mots assez clairs je vois tout terminé,
Et je dois révérer l'arrêt qu'elle a donné.

SGANARELLE.

Si.. Vous en doutez donc, et prenez pour des feintes
Tout ce que de sa part je vous ai fait de plaintes?
Voulez-vous qu'elle-même elle explique son cœur?
J'y consens volontiers pour vous tirer d'erreur.
Suivez-moi, vous verrez s'il est rien que j'avance
Et si son jeune cœur entre nous deux balance.

(*Il va frapper à sa porte.*)

SCENE XIV.
ISABELLE, SGANARELLE, VALÈRE, ERGASTE.

ISABELLE.

Quoi! vous me l'amenez! Quel est votre dessein?
Prenez-vous contre moi ses intérêts en main?
Et voulez-vous, charmé de ses rares mérites,
M'obliger à l'aimer, et souffrir ses visites?

SGANARELLE.

Non, ma mie, et ton cœur pour cela m'est trop cher:
Mais il prend mes avis pour des contes en l'air,
Croit que c'est moi qui parle et te fais, par adresse,
Pleine pour lui de haine, et pour moi de tendresse;

Et par toi-même enfin j'ai voulu sans retour
Le tirer d'une erreur qui nourrit son amour.

ISABELLE, à *Valère*

Quoi! mon ame à vos yeux ne se montre pas toute?
Et de mes vœux encor vous pouvez être en doute?

VALÈRE.

Oui, tout ce que monsieur de votre part m'a dit,
Madame a bien pouvoir de surprendre un esprit:
J'ai douté, je l'avoue; et cet arrêt suprême
Qui décide du sort de mon amour extrême
Doit m'être assez touchant pour ne pas s'offenser
Que mon cœur par deux fois le fasse prononcer.

ISABELLE.

Non, non, un tel arrêt ne doit pas vous surprendre:
Ce sont mes sentiments qu'il vous a fait entendre:
Et je les tiens fondés sur assez d'équité
Pour en faire éclater toute la vérité.
Oui, je veux bien qu'on sache, et j'en dois être crue,
Que le sort offre ici deux objets à ma vue,
Qui, m'inspirant pour eux différents sentiments,
De mon cœur agité font tous les mouvements.
L'un, par un juste choix où l'honneur m'intéresse,
A toute mon estime et toute ma tendresse;
Et l'autre, pour le prix de son affection,
A toute ma colère et mon aversion.
La présence de l'un m'est agréable et chère,
J'en reçois dans mon ame une allégresse entière;
Et l'autre, par sa vue, inspire dans mon cœur
Des secrets mouvements et de haine et d'horreur.
Me voir femme de l'un est toute mon envie;
Et, plutôt qu'être à l'autre, on m'ôterait la vie.
Mais c'est assez montrer mes justes sentiments,
Et trop longtemps languir dans ces rudes tourments
Il faut que ce que j'aime usant de diligence,
Fasse à ce que je hais perdre toute espérance,
Et qu'un heureux hymen affranchisse mon sort
D'un supplice pour moi plus affreux que la mort.

SGANARELLE.

Oui, mignonne, je songe à remplir ton attente.

ACTE II, SCENE XIV.

ISABELLE.
C'est l'unique moyen de me rendre contente.

SGANARELLE.
Tu la seras dans peu.

ISABELLE.
Je sais qu'il est honteux
Aux filles d'expliquer si librement leurs vœux.

SGANARELLE.
Point, point.

ISABELLE.
Mais en l'état où sont mes destinées,
De telles libertés doivent m'être données;
Et je puis sans rougir faire un aveu si doux
A celui que déjà je regarde en époux.

SGANARELLE.
Oui, ma pauvre fanfan, pouponne de mon ame.

ISABELLE.
Qu'il songe donc, de grace, à me prouver sa flamme.

SGANARELLE.
Oui, tiens, baise ma main.

ISABELLE.
Que sans plus de soupirs
Il conclue un hymen qui fait tous mes désirs,
Et reçoive en ce lieu la foi que je lui donne
De n'écouter jamais les vœux d'autre personne.
(*Elle fait semblant d'embrasser Sganarelle,
et donne sa main à baiser à Valère.*)

SGANARELLE.
Hai! hai! mon petit nez, pauvre petit bouchon,
Tu ne languiras pas longtemps, je t'en répond.
Va, chut.
(*à Valère.*
Vous le voyez je ne lui fais pas dire,
Ce n'est qu'après moi seul que son ame respire.

VALÈRE.
Hé bien! madame, hé bien! c'est s'expliquer assez:
Je vois par ce discours de quoi vous me pressez,
Et je saurai dans peu vous ôter la présence
De celui qui vous fait si grande violence.

ISABELLE.
Vous ne me sauriez faire un plus charmant plaisir;
Car enfin cette vue est fâcheuse à souffrir,
Elle m'est odieuse; et l'horreur est si forte...

SGANARELLE.
Hé ! hé !

ISABELLE.
Vous offensé-je en parlant de la sorte ?
Fais-je...

SGANARELLE.
Mon Dieu ! nenni, je ne dis pas cela :
Mais je plains, sans mentir, l'état où le voilà,
Et c'est trop hautement que ta haine se montre.

ISABELLE.
Je n'en puis trop montrer en pareille rencontre.

VALÈRE.
Oui, vous serez contente; et dans trois jours vos ye
Ne verront plus l'objet qui vous est odieux.

ISABELLE.
A la bonne heure. Adieu.

SGANARELLE, *à Valère.*
Je plains votre infortune:
Mais...

VALÈRE.
Non, vous n'entendrez de mon cœur plainte aucune
Madame assurément rend justice à tous deux,
Et je vais travailler à contenter ses vœux.
Adieu.

SGANARELLE.
Pauvre garçon ! sa douleur est extrême;
Tenez, embrassez-moi, c'est un autre elle-même.
(*Il embrasse Valère.*)

SCÈNE XV.
ISABELLE, SGANARELLE.

SGANARELLE.
Je le tiens fort à plaindre.

ISABELLE.
Allez il ne l'est point.

ACTE II, SCENE XV.

SGANARELLE.

Au reste ton amour me touche au dernier point,
Mignonette, et je veux qu'il ait sa récompense.
C'est trop que de huit jours pour ton impatience;
Dès demain je t'épouse, et n'y veux appeler...

ISABELLE.

Dès demain?

SGANARELLE.

Par pudeur tu feins d'y reculer :
Mais je sais bien la joie où ce discours te jette,
Et tu voudrais déjà que la chose fût faite.

ISABELLE.

Mais...

SGANARELLE.

Pour ce mariage allons tout préparer.

ISABELLE, *à part*.

O ciel! inspire-moi ce qui peut le parer.

FIN DU SECOND ACTE.

ACTE III.

SCENE PREMIÈRE

ISABELLE, seule.

Oui, le trépas cent fois me semble moins à craindre
Que cet hymen fatal où l'on veut me contraindre;
Et tout ce que je fais pour en fuir les rigueurs
Doit trouver quelque grace auprès de mes censeurs.
Le temps presse, il fait nuit; allons, sans crainte au-
A la foi d'un amant commettre ma fortune.   [cune.

SCÈNE II.

SGANARELLE, ISABELLE.

SGANARELLE, *parlant à ceux qui sont dans sa maison.*
Je reviens, et l'on va pour demain de ma part...

ISABELLE.

O ciel!

SGANARELLE.

C'est toi, mignonne? Où vas-tu donc si tard?
Tu disais qu'en ta chambre, étant un peu lassée,
Tu t'allais renfermer, lorsque je t'ai laissée;
Et tu m'avais prié même que mon retour
T'y souffrît en repos jusques à demain jour.

ISABELLE.

Il est vrai; mais....

SGANARELLE.

Hé quoi?

ISABELLE.

Vous me voyez confuse,
Et je ne sais comment vous en dire l'excuse.

SGANARELLE.

Quoi donc! que pourrait-ce être?

ISABELLE.
Un secret surprenant ;
C'est ma sœur qui m'oblige à sortir maintenant,
Et qui, pour un dessein dont je l'ai fort blâmée,
M'a demandé ma chambre, où je l'ai renfermée.

SGANARELLE.
Comment?

ISABELLE.
L'eût-on pu croire? Elle aime cet amant
Que nous avons banni.

SGANARELLE.
Valère?

ISABELLE.
Éperdument.
C'est un transport si grand, qu'il n'en est point de même ;
Et vous pouvez juger de sa puissance extrême,
Puisque seule, à cette heure, elle est venue ici
Me découvrir à moi son amoureux souci,
Me dire absolument qu'elle perdra la vie
Si son ame n'obtient l'effet de son envie ;
Que depuis plus d'un an d'assez vives ardeurs
Dans un secret commerce entretenaient leurs cœurs ;
Et que même ils s'étaient, leur flamme étant nouvelle,
Donné de s'épouser une foi mutuelle...

SGANARELLE.
La vilaine !

ISABELLE.
Qu'ayant appris le désespoir
Où j'ai précipité celui qu'elle aime à voir,
Elle vient me prier de souffrir que sa flamme
Puisse rompre un départ qui lui percerait l'ame ;
Entretenir ce soir cet amant sous mon nom
Par la petite rue où ma chambre répond ;
Lui peindre, d'une voix qui contrefait la mienne,
Quelques doux sentiments dont l'appât le retienne,
Et ménager enfin pour elle adroitement
Ce que pour moi l'on sait qu'il a d'attachement.

SGANARELLE.
Et tu trouves cela...?

ISABELLE.
Moi ! j'en suis courroucée.
Quoi ! ma sœur, ai-je dit, êtes-vous insensée ?
Ne rougissez-vous point d'avoir pris tant d'amour
Pour ces sortes de gens qui changent chaque jour,
D'oublier votre sexe, et tromper l'espérance
D'un homme dont le ciel vous donnait l'alliance ;

SGANARELLE.
Il le mérite bien ; et j'en suis fort ravi.

ISABELLE.
Enfin de cent raisons mon dépit s'est servi
Pour lui bien reprocher des bassesses si grandes,
Et pouvoir cette nuit rejeter ses demandes :
Mais elle m'a fait voir de si pressants désirs,
A tant versé de pleurs, tant poussé de soupirs,
Tant dit qu'au désespoir je porterais son âme
Si je lui refusais ce qu'exige sa flamme,
Qu'à céder malgré moi mon cœur s'est vu réduit ;
Et pour justifier cette intrigue de nuit,
Où me faisait du sang relâcher la tendresse,
J'allais faire avec moi coucher Lucrèce,
Dont vous me vantez tant les vertus chaque jour ;
Mais vous m'avez surprise avec ce prompt retour.

SGANARELLE.
Non, non, je ne veux point chez moi tout ce mystère.
J'y pourrais consentir à l'égard de mon frère :
Mais on peut être vu de quelqu'un du dehors ;
Et celle que je dois honorer de mon corps
Non seulement doit être et pudique et bien née,
Il ne faut pas que même elle soit soupçonnée.
Allons chasser l'infâme, et de sa passion....

ISABELLE.
Ah ! vous lui donneriez trop de confusion ;
Et c'est avec raison qu'elle pourrait se plaindre
Du peu de retenue où j'ai su me contraindre :
Puisque de son dessein je dois me départir,
Attendez que du moins je la fasse sortir.

SGANARELLE.
Hé bien ! fais.

ISABELLE.
Mais surtout cachez-vous, je vous prie,
Et sans lui dire rien, daignez voir sa sortie.
SGANARELLE.
Oui, pour l'amour de toi je retiens mes transports:
Mais, dès le même instant qu'elle sera dehors,
Je veux, sans différer, aller trouver mon frère :
J'aurai joie à courir lui dire cette affaire.
ISABELLE.
Je vous conjure donc de ne me point nommer.
Bon soir ; car tout d'un temps je vais me renfermer.
SGANARELLE, *seul.*
Jusqu'à demain, ma mie.... En quelle impatience
Suis-je de voir mon frère, et lui conter sa chance !
Il en tient, le bon homme, avec tout son phébus,
Et je n'en voudrais pas tenir cent bons écus.
ISABELLE, *dans la maison.*
Oui, de vos déplaisirs l'atteinte m'est sensible :
Mais ce que vous voulez, ma sœur, m'est impossible ;
Mon honneur, qui m'est cher, y court trop de hasard.
Adieu. Retirez-vous avant qu'il soit plus tard.
SGANARELLE.
La voilà qui, je crois, peste de belle sorte :
De peur qu'elle revînt, fermons à clef la porte.
ISABELLE, *en sortant.*
O ciel, dans mes desseins ne m'abandonnez pas !
SGANARELLE, *à part.*
Où pourra-t-elle aller ? Suivons un peu ses pas.
ISABELLE, *à part.*
Dans mon trouble du moins la nuit me favorise.
SGANARELLE, *à part.*
Au logis du galant ! Quelle est son entreprise ?

SCÈNE III.

VALÈRE, ISABELLE, SGANARELLE.

VALÈRE, *sortant brusquement.*
Oui, oui, je veux tenter quelque effort cette nuit
Pour parler.... Qui va là ?

ISABELLE, à *Valère*.

Ne faites point de bruit,
Valère; on vous prévient, et je suis Isabelle.

SGANARELLE.

Vous en avez menti, chienne; ce n'est pas elle.
De l'honneur que tu fuis elle suit trop les lois;
Et tu prends faussement et son nom et sa voix.

ISABELLE, à *Valère*.

Mais à moins de vous voir par un saint hyménée.

VALÈRE.

Oui, c'est l'unique but où tend ma destinée;
Et je vous donne ici ma foi que dès demain
Je vais où vous voudrez recevoir votre main.

SGANARELLE, à part.

Pauvre sot qui s'abuse!

VALÈRE.

Entrez en assurance:
De votre Argus dupé je brave la puissance;
Et, devant qu'il vous pût ôter à mon ardeur,
Mon bras de mille coups lui percerait le cœur.

SCÈNE IV.

SGANARELLE, seul.

Ah! je te promets bien que je n'ai pas envie
De te l'ôter, l'infâme à tes feux asservie,
Que du don de ta foi je ne suis point jaloux,
Et que, si j'en suis cru, tu seras son époux.
Oui, faisons-le surprendre avec cette effrontée:
La mémoire du père à bon droit respectée,
Jointe au grand intérêt que je prends à la sœur,
Veut que du moins l'on tâche à lui rendre l'honneur.
Holà.

(*Il frappe à la porte d'un commissaire.*)

SCÈNE V.

SGANARELLE, UN COMMISSAIRE, UN NOTAIRE, UN LAQUAIS avec un flambeau.

LE COMMISSAIRE.

Qu'est-ce?

ACTE III, SCENE V.

SGANARELLE.

Salut, monsieur le commissaire.
Votre présence en robe est ici nécessaire;
Suivez-moi, s'il vous plaît, avec votre clarté.

LE COMMISSAIRE.

Nous sortions...

SGANARELLE.

Il s'agit d'un fait assez hâté.

LE COMMISSAIRE.

Quoi?

SGANARELLE.

D'aller là-dedans, et d'y surprendre ensemble
Deux personnes qu'il faut qu'un bon hymen assemble :
C'est une fille à nous, que, sous un don de foi,
Un Valère a séduite et fait entrer chez soi.
Elle sort de famille et noble et vertueuse,
Mais...

LE COMMISSAIRE.

Si c'est pour cela, la rencontre est heureuse,
Puisqu'ici nous avons un notaire.

SGANARELLE.

Monsieur?

LE NOTAIRE.

Oui, notaire royal.

LE COMMISSAIRE.

De plus homme d'honneur.

SGANARELLE.

Cela s'en va sans dire. Entrez dans cette porte,
Et sans bruit ayez l'œil que personne n'en sorte :
Vous serez pleinement contentés de vos soins ;
Mais ne vous laissez pas graisser la patte, au moins.

LE COMMISSAIRE.

Comment! Vous croyez donc qu'un homme de justice...

SGANARELLE.

Ce que j'en dis n'est pas pour taxer votre office.
Je vais faire venir mon frère promptement :
Faites que le flambeau m'éclaire seulement.

(à part.)
Je vais le réjouir cet homme sans colère.
Holà.

(Il frappe à la porte d'Ariste.)

SCÈNE VI.

ARISTE, SGANARELLE.

ARISTE.

Qui frappe? Ah! ah! que voulez-vous, mon frère?

SGANARELLE.

Venez, beau directeur, suranné damoiseau,
On veut vous faire voir quelque chose de beau.

ARISTE.

Comment?

SGANARELLE.

Je vous apporte une bonne nouvelle.

ARISTE.

Quoi?

SGANARELLE.

Votre Léonor, où, je vous prie, est-elle?

ARISTE.

Pourquoi cette demande? Elle est, comme je croi,
Au bal chez son amie.

SGANARELLE.

Eh! oui, oui; suivez-moi,
Vous verrez à quel bal la donzelle est allée.

ARISTE.

Que voulez-vous conter?

SGANARELLE.

Vous l'avez bien stylée:
Il n'est pas bon de vivre en sévère censeur;
On gagne les esprits par beaucoup de douceur;
Et les soins défiants, les verroux et les grilles,
Ne font pas la vertu des femmes ni des filles;
Nous les portons au mal par tant d'austérité,
Et leur sexe demande un peu de liberté.
Vraiment! elle en a pris tout son saoûl, la rusée;
Et la vertu chez elle est fort humanisée.

ARISTE.
Où veut donc aboutir un pareil entretien?

SGANARELLE.
Allez, mon frère aîné, cela vous sied fort bien;
Et je ne voudrais pas pour vingt bonnes pistoles
Que vous n'eussiez ce fruit de vos maximes folles :
On voit ce qu'en deux sœurs nos leçons ont produit;
L'une fuit le galant, et l'autre le poursuit.

ARISTE.
Si vous ne me rendez cette énigme plus claire...

SGANARELLE.
L'énigme est que son bal est chez monsieur Valère;
Que, de nuit, je l'ai vue y conduire ses pas,
Et qu'à l'heure présente elle est entre ses bras..

ARISTE.
Qui?

SGANARELLE.
Léonor.

ARISTE
Cessons de railler, je vous prie.

SGANARELLE.
Je raille... Il est fort bon avec sa raillerie!
Pauvre esprit! Je vous dis, et vous redis encor
Que Valère chez lui tient votre Léonor,
Et qu'ils s'étaient promis une foi mutuelle
Avant qu'il eût songé de poursuivre Isabelle.

ARISTE.
Ce discours d'apparence est si fort dépourvu...

SGANARELLE.
Il ne le croira pas encor en l'ayant vu :
J'enrage. Par ma foi! l'âge ne sert de guère
Quand on n'a pas cela.
(*Il met le doigt sur le front.*)

ARISTE.
Quoi! voulez-vous, mon frère...

SGANARELLE.
Mon Dieu! je ne veux rien. Suivez-moi seulement;
Votre esprit tout à l'heure aura contentement;
Vous verrez si j'impose, et si leur foi donnée
N'avait pas joint leurs cœurs depuis plus d'un année.

ARISTE.

L'apparence qu'ainsi, sans m'en faire avertir,
A cet engagement elle eût pu consentir?
Moi, qui dans toute chose ai, depuis son enfance,
Montré toujours pour elle entière complaisance,
Et qui cent fois ai fait des protestations
De ne jamais gêner ses inclinations!

SGANARELLE.

Enfin vos propres yeux jugeront de l'affaire.
J'ai fait venir déjà commissaire et notaire :
Nous avons intérêt que l'hymen prétendu
Repare sur le champ l'honneur qu'elle a perdu ;
Car je ne pense pas que vous soyez si lâche
De vouloir l'épouser avecque cette tache,
Si vous n'avez encor quelques raisonnements
Pour vous mettre au-dessus de tous les bernements.

ARISTE.

Moi? Je n'aurai jamais cette faiblesse extrême
De vouloir posséder un cœur malgré lui-même.
Mais je ne saurais croire enfin...

SGANARELLE.

                      Que de discours!
Allons, ce procès-là continuerait toujours.

SCENE VII.

SGANARELLE, ARISTE, UN COMMISSAIRE, UN NOTAIRE.

LE COMMISSAIRE.

Il ne faut mettre ici nulle force en usage,
Messieurs ; et si vos vœux ne vont qu'au mariage,
Vos transports en ce lieu se peuvent apaiser.
Tous deux également tendent à s'épouser;
Et Valère déjà, sur ce qui vous regarde,
A signé que pour femme il tient celle qu'il garde.

ARISTE.

La fille....

LE COMMISSAIRE.

           Est renfermée, et ne veut point sortir
Que vos désirs aux leurs ne veuillent consentir.

SCÈNE VIII.

VALÈRE, UN COMMISSAIRE, UN NOTAIRE, SGANARELLE, ARISTE.

VALÈRE, *à la fenêtre de sa maison.*
Non, messieurs ; et personne ici n'aura l'entrée
Que cette volonté ne m'ait été montrée.
Vous savez qui je suis, et j'ai fait mon devoir
En vous signant l'aveu qu'on peut vous faire voir.
Si c'est votre dessein d'approuver l'alliance,
Votre main peut aussi m'en signer l'assurance ;
Sinon, faites état de m'arracher le jour,
Plutôt que de m'ôter l'objet de mon amour.

SGANARELLE.
Non, nous ne songeons pas à vous séparer d'elle.
(*bas, à part.*)
Il ne s'est point encor détrompé d'Isabelle :
Profitons de l'erreur.

ARISTE, *à Valère.*
Mais est-ce Léonor ?

SGANARELLE, *à Ariste.*
Taisez-vous.

ARISTE.
Mais...

SGANARELLE.
Paix donc !

ARISTE.
Je veux savoir....

SGANARELLE.
Encor ?
Vous tairez-vous ? vous dis-je.

VALÈRE.
Enfin quoi qu'il avienne,
Isabelle a ma foi ; j'ai de même la sienne,
Et ne suis point un choix, à tout examiner,
Que vous soyez reçus à faire condamner.

ARISTE, *à Sganarelle.*
Ce qu'il dit là n'est pas...

SGANARELLE.

      Taisez-vous, et pour cause
(*à Valère.*)
Vous saurez le secret. Oui, sans dire autre chose,
Nous consentons tous deux que vous soyez l'époux
De celle qu'à présent on trouvera chez vous.

LE COMMISSAIRE.

C'est dans ces termes-là que la chose est conçue,
Et le nom est en blanc pour ne l'avoir point vue.
Signez. La fille après vous mettra tous d'accord.

VALÈRE.

J'y consens de la sorte.

SGANARELLE.

     Et moi je le veux fort.
 (*à part.*)   (*haut.*)
Nous rirons bien tantôt. Là, signez donc, mon frère;
L'honneur vous appartient.

ARISTE.

     Mais quoi! tout ce mystère...

SGANARELLE.

Diantre! que de façons! signez, pauvre butor.

ARISTE.

Il parle d'Isabelle, et vous de Léonor.

SGANARELLE.

N'êtes-vous pas d'accord, mon frère, si c'est elle,
De les laisser tous deux à leur foi mutuelle?

ARISTE.

Sans doute.

SGANARELLE.

   Signez donc; j'en fais de même aussi.

ARISTE.

Soit. Je n'y comprends rien.

SGANARELLE.

     Vous serez éclairci.

LE COMMISSAIRE.

Nous allons revenir.

SGANARELLE, à *Ariste*.
Or çà je vais vous dire
La fin de cette intrigue.
(*Ils se retirent dans le fond du théâtre.*)

SCENE IX.

LÉONOR, SGANARELLE, ARISTE, LISETTE.

LÉONOR.
O l'étrange martyre !
Que tous ces jeunes fous me paraissent fâcheux !
Je me suis dérobée au bal pour l'amour d'eux.

LISETTE.
Chacun d'eux près de vous veut se rendre agréable.

LÉONOR.
Et moi, je n'ai rien vu de plus insupportable ;
Et je préférerais le plus simple entretien
A tous les contes bleus de ces diseurs de rien.
Ils croyent que tout cède à leur perruque blonde,
Et pensent avoir dit le meilleur mot du monde
Lorsqu'ils viennent, d'un ton de mauvais goguenard,
Vous railler sottement sur l'amour d'un vieillard,
Et moi, d'un tel vieillard je prise plus le zèle,
Que tous les beaux transports d'une jeune cervelle.
Mais n'aperçois-je pas..?

SGANARELLE, *à Ariste*.
Oui l'affaire est ainsi.
(*Apercevant Léonor.*)
Ah ! je la vois paraître et sa suivante aussi.

ARISTE.
Léonor, sans courroux, j'ai sujet de me plaindre.
Vous savez si jamais j'ai voulu vous contraindre,
Et si plus de cent fois je n'ai pas protesté
De laisser à vos vœux leur pleine liberté :
Cependant votre cœur, méprisant mon suffrage,
De foi comme d'amour à mon insu s'engage.
Je ne me repens pas de mon doux traitement :
Mais votre procédé me touche assurément ;
Et c'est une action que n'a pas méritée
Cette tendre amitié que je vous ai portée.

LÉONOR.
Je ne sais pas sur quoi vous tenez ce discours ;
Mais croyez que je suis de même que toujours,
Que rien ne peut pour vous altérer mon estime,
Que toute autre amitié me paraîtrait un crime,
Et que, si vous voulez satisfaire mes vœux,
Un saint nœud dès demain nous unira tous deux.

ARISTE.
Dessus quel fondement venez-vous donc, mon frère?...

SGANARELLE.
Quoi ! vous ne sortez pas du logis de Valère?
Vous n'avez point conté vos amours aujourd'hui?
Et vous ne brûlez pas depuis un an pour lui?

LÉONOR.
Qui vous a fait de moi de si belles peintures,
Et prend soin de forger de telles impostures?

SCENE X.

ISABELLE, VALÈRE, LÉONOR, ARISTE, SGANARELLE, UN COMMISSAIRE, UN NOTAIRE, LISETTE, ERGASTE.

ISABELLE.
Ma sœur, je vous demande un généreux pardon.
Si de mes libertés j'ai taché votre nom.
Le pressant embarras d'une surprise extrême
M'a tantôt inspiré ce honteux stratagème :
Votre exemple condamne un tel emportement ;
Mais le sort nous traita nous deux diversement.
  (à Sganarelle.)
Pour vous, je ne veux point, monsieur, vous faire excuse,
Je vous sers beaucoup plus que je ne vous abuse.
Le ciel pour être joints ne nous fit pas tous deux :
Je me suis reconnue indigne de vos vœux ;
Et j'ai bien mieux aimé me voir aux mains d'un autre,
Que ne pas mériter un cœur comme le vôtre.

VALÈRE, à Sganarelle.
Pour moi, je mets ma gloire et mon bien souverain
A la pouvoir, monsieur, tenir de votre main.

ACTE III, SCÈNE X.

ARISTE.
Mon frère, doucement il faut boire la chose :
D'une telle action vos procédés sont cause ;
Et je vois votre sort malheureux à ce point,
Que, vous sachant dupé, l'on ne vous plaindra point.

LISETTE.
Par ma foi ! je lui sais bon gré de cette affaire ;
Ce prix de ses soins est un trait exemplaire.

LÉONOR.
Je ne sais si ce trait se doit faire estimer ;
Mais je sais bien qu'au moins je ne le puis blâmer.

ERGASTE.
Au sort d'être cocu son ascendant l'expose ;
Et ne l'être qu'en herbe est pour lui douce chose.

SGANARELLE, *sortant de l'accablement dans lequel il était plongé.*
Non, je ne puis sortir de mon étonnement.
Cette déloyauté confond mon jugement ;
Et je ne pense pas que Satan en personne
Puisse être si méchant qu'une telle friponne.
J'aurais pour elle au feu mis la main que voilà.
Malheureux qui se fie à femme après cela !
La meilleure est toujours en malice féconde ;
C'est un sexe engendré pour damner tout le monde.
J'y renonce à jamais, à ce sexe trompeur,
Et je le donne tout au diable de bon cœur.

ERGASTE.
Bon.

ARISTE.
Allons tous chez moi. Venez, seigneur Valère ;
Nous tâcherons demain d'apaiser sa colère.

LISETTE, *au parterre.*
Vous, si vous connaissez des maris loups-garous,
Envoyez-les au moins à l'école chez nous.

FIN DE L'ÉCOLE DES MARIS.

LES FACHEUX,

COMÉDIE-BALLET, EN TROIS ACTES.

1661.

AU ROI.

SIRE,

J'ajoute une scène à la comédie, et c'est une espèce de fâcheux assez insupportable, qu'un homme qui dédie un livre. Votre Majesté en sait des nouvelles plus que personne de son royaume, et ce n'est pas d'aujourd'hui qu'elle se voit en butte à la furie des épîtres dédicatoires. Mais, bien que je suive l'exemple des autres, et me mette moi-même au rang de ceux que j'ai joués, j'ose dire toutefois à Votre Majesté que ce que j'en ai fait, n'est pas tant pour lui présenter un livre que pour avoir lieu de lui rendre graces du succès de cette comédie. Je le dois, SIRE, ce succès qui a passé mon attente, non seulement à cette glorieuse approbation dont Votre Majesté honora d'abord la pièce, et qui a entraîné si hautement celle de tout le monde, mais encore à l'ordre qu'elle me donna d'y ajouter un caractère de fâcheux, dont elle eut la bonté de m'ouvrir les idées elle-même, et qui a été trouvé partout le beau morceau de l'ouvrage. Il faut avouer, SIRE, que je n'ai jamais rien fait avec tant de facilité, ni si promptement que cet endroit où Votre Majesté me commanda de travailler. J'avais une joie à lui obéir, qui me valait bien mieux qu'Apollon et toutes les muses; et je conçois par-là ce que je serais capable d'exécuter pour une comédie entière, si j'étais inspiré par de pareils commandements. Ceux qui sont nés en un rang élevé peuvent se proposer l'honneur de servir Votre Majesté dans les grands emplois; mais pour moi, toute la gloire où je puis aspirer, c'est de la réjouir. Je borne là l'ambition de mes souhaits; et je crois qu'en quelque façon ce n'est pas être inutile à la France que de contribuer en quelque chose au divertissement de son roi. Quand je n'y réussirai pas, ce ne sera jamais par défaut de zèle ni d'étude, mais seulement par un mauvais destin qui suit assez souvent les meilleures intentions, et qui sans doute affligerait sensiblement,

SIRE,

DE VOTRE MAJESTÉ,

le très humble, très obéissant
et très fidèle serviteur,

J. B. P. MOLIÈRE.

AVERTISSEMENT.

Jamais entreprise au théâtre ne fut si précipitée que celle-ci ; et c'est une chose, je crois, toute nouvelle, qu'une comédie ait été conçue, faite, apprise et représentée en quinze jours. Je ne dis pas cela pour me piquer de *l'impromptu*, et en prétendre de la gloire, mais seulement pour prévenir certaines gens qui pourraient trouver à redire que je n'aie pas mis ici toutes les espèces de fâcheux qui se trouvent. Je sais que le nombre en est grand, et à la cour et dans la ville ; et que, sans épisodes, j'eusse bien pu en composer une comédie de cinq actes bien fournis, et avoir encore de la matière de reste. Mais, dans le peu de temps qui me fut donné, il m'était impossible de faire un grand dessin, et de rêver beaucoup sur le choix de mes personnages, et sur la disposition de mon sujet. Je me réduisis donc à ne toucher qu'un petit nombre d'importuns ; et je pris ceux qui s'offrirent d'abord à mon esprit, et que je crus les plus propres à réjouir les augustes personnes devant qui j'avais à paraître : et, pour lier promptement toutes ces choses ensemble, je me servis du premier nœud que je pus trouver. Ce n'est pas mon dessein d'examiner maintenant si tout cela pouvait être mieux, et si tous ceux qui s'y sont divertis ont ri selon les règles. Le temps viendra de faire imprimer mes remarques sur les pièces que j'aurai faites, et je ne désespère pas de faire voir un jour, en grand auteur, que je puis citer Aristote et Horace. En attendant cet examen, qui peut-être ne viendra point, je m'en remets assez aux décisions de la multitude, et je tiens aussi difficile de combattre un ouvrage que le public approuve, que d'en défendre un qu'il condamne.

Il n'y a personne qui ne sache pour quelle réjouissance la pièce fut composée; et cette fête[1] a fait un tel éclat, qu'il n'est pas nécessaire d'en parler : mais il ne sera pas hors de propos de dire deux paroles des ornements qu'on a mêlés avec la comédie.

Le dessein était de donner un ballet aussi; et, comme il n'y avait qu'un petit nombre choisi de danseurs excellents, on fut contraint de séparer les entrées de ce ballet, et l'avis fut de les jeter dans les entr'actes de la comédie, afin que ces intervalles donnassent temps aux mêmes baladins de venir sous d'autres habits; de sorte que, pour ne point rompre aussi le fil de la pièce par ces manières d'intermèdes, on s'avisa de les coudre au sujet du mieux que l'on put, et de ne faire qu'une seule chose du ballet et de la comédie : mais comme le temps était fort précipité et que tout cela ne fut pas réglé entièrement par une même tête, on trouvera peut-être quelques endroits du ballet qui n'entrent pas dans la comédie aussi naturellement que d'autres. Quoi qu'il en soit, c'est un mélange qui est nouveau pour nos théâtres, et dont on pourrait chercher quelques autorités dans l'antiquité; et comme tout le monde l'a trouvé agréable, il peut servir d'idée à d'autres choses qui pourraient être méditées avec plus de loisir.

D'abord que la toile fut levée, un des acteurs, comme vous pourriez dire moi, parut sur le théâtre en habit de ville, et s'adressant au roi avec le visage d'un homme surpris, fit des excuses en désordre de ce qu'il se trouvait là seul, et manquait de temps et d'acteurs pour donner à sa majesté le divertissement qu'elle semblait attendre. En même temps, au milieu de vingt jets d'eau naturels, s'ouvrit cette coquille que tout le monde a vue, et l'agréable naïade qui parut dedans s'avança au bord du théâtre, et d'un air héroïque prononça les vers que M. Pellisson avait faits, et qui servent de prologue.

(1) Fête de Vaux donnée par Fouquet.

PROLOGUE.

Le théâtre représente un jardin orné de termes et de plusieurs jets d'eau.

UNE NAÏADE, *sortant des eaux dans une coquille.*

Pour voir en ces beaux lieux le plus grand roi du monde,
Mortels, je viens à vous de ma grotte profonde.
Faut-il, en sa faveur, que la terre ou que l'eau
Produisent à vos yeux un spectacle nouveau?
Qu'il parle ou qu'il souhaite, il n'est rien d'impossible;
Lui-même n'est-il pas un miracle visible?
Son règne, si fertile en miracles divers,
N'en demande-t-il pas à tout cet univers?
Jeune, victorieux, sage, vaillant, auguste,
Aussi doux que sévère, aussi puissant que juste;
Régler et ses états et ses propres désirs;
Joindre aux nobles travaux les plus nobles plaisirs;
En ses justes projets jamais ne se méprendre;
Agir incessamment, tout voir et tout entendre,
Qui peut cela peut tout : il n'a qu'à tout oser,
Et le ciel à ses vœux ne peut rien refuser.
Ces termes marcheront, et, si Louis l'ordonne,
Ces arbres parleront mieux que ceux de Dodone.
Hôtesses de leurs troncs, moindres divinités,
C'est Louis qui le veut, sortez, nymphes, sortez;
Je vous montre l'exemple : il s'agit de lui plaire.
Quittez pour quelque temps votre forme ordinaire,
Et paraissons ensemble aux yeux des spectateurs,
Pour ce nouveau théâtre, autant de vrais acteurs.

Plusieurs dryades, accompagnées de faunes et de satyres, sortent des arbres et des termes.

Vous, soin de ses sujets, sa plus charmante étude,
Héroïque souci, royale inquiétude,

Laissez-le respirer, et souffrez qu'un moment
Son grand cœur s'abandonne au divertissement :
Vous le verrez demain, d'une force nouvelle,
Sous le fardeau pénible où votre voix l'appelle,
Faire obéir les lois, partager les bienfaits,
Par ses propres conseils prévenir nos souhaits,
Maintenir l'univers dans une paix profonde,
Et s'ôter le repos pour le donner au monde.
Qu'aujourd'hui tout lui plaise, et semble consentir
A l'unique dessein de le bien divertir
Fâcheux, retirez-vous, où, s'il faut qu'il vous voie,
Que ce soit seulement pour exciter sa joie.

La naïade emmène avec elle, pour la comédie, une partie des gens qu'elle a fait paraître, pendant que le reste se met à danser au son des hautbois, qui se joignent aux violons.

PERSONNAGES DE LA COMÉDIE.

DAMIS, tuteur d'Orphise.

ORPHISE.

ÉRASTE, amoureux d'Orphise.

ALCIDOR,
LISANDRE,
ALCANDRE,
ALCIPPE,
ORANTE,   } fâcheux.
CLIMÈNE,
DORANTE,
CARITIDÈS,
ORMIN,
FILINTE,

LA MONTAGNE, valet d'Éraste.

L'ÉPINE, valet de Damis.

LA RIVIÈRE, et deux camarades.

PERSONNAGES DU BALLET.

I. ACTE. { JOUEUR DU MAIL.
          { CURIEUX.

II. ACTE. { JOUEURS DE BOULE.
          { FRONDEURS.
          { SAVETIERS ET SAVETIÈRES.
          { UN JARDINIER.

III. ACTE. { SUISSES.
           { QUATRE BERGERS.
           { UNE BERGÈRE.

La scène est à Paris.

LES FACHEUX.

ACTE PREMIER.

SCÈNE PREMIÈRE.

ÉRASTE, LA MONTAGNE.

ÉRASTE.
Sous quel astre, bon Dieu! faut-il que je sois né,
Pour être de fâcheux toujours assassiné!
Il semble que partout le sort me les adresse,
Et j'en vois chaque jour quelque nouvelle espèce;
Mais il n'est rien d'égal au fâcheux d'aujourd'hui :
J'ai cru n'être jamais débarrassé de lui,
Et cent fois j'ai maudit cette innocente envie
Qui m'a pris à dîner de voir la comédie,
Où, pensant m'égayer, j'ai misérablement
Trouvé de mes péchés le rude châtiment.
Il faut que je te fasse un récit de l'affaire,
Car je m'en sens encor tout ému de colère.
J'étais sur le théâtre en humeur d'écouter
La pièce, qu'à plusieurs j'avais ouï vanter;
Les acteurs commençaient, chacun prêtait silence;
Lorsque d'un air bruyant et plein d'extravagance,
Un homme à grands canons est entré brusquement
En criant : Holà! ho! un siége promptement!
Et, de son grand fracas surprenant l'assemblée,
Dans le plus bel endroit a la pièce troublée.
Hé! mon dieu! nos Français, si souvent redressés,
Ne prendront-ils jamais un air de gens sensés,
Ai-je dit, et faut-il, sur nos défauts extrêmes,
Qu'en théâtre public nous nous jouions nous-mêmes,

Et confirmions ainsi, par des éclats de fous,
Ce que chez nos voisins on dit partout de nous?
Tandis que là dessus je haussais les épaules,
Les acteurs ont voulu continuer leurs rôles;
Mais l'homme pour s'asseoir a fait nouveau fracas,
Et traversant encor le théâtre à grands pas,
Bien que dans les côtés il pût être à son aise,
Au milieu du devant il a planté sa chaise,
Et de son large dos morguant les spectateurs,
Aux trois quarts du parterre a caché les acteurs.
Un bruit s'est élevé, dont un autre eût eu honte;
Mais lui, ferme et constant, n'en a fait aucun compte,
Et se serait tenu comme il s'était posé,
Si, pour mon infortune, il ne m'eût avisé.
Ah! marquis! m'a-t-il dit, prenant près de moi place,
Comment te portes-tu? Souffre que je t'embrasse.
Au visage sur l'heure un rouge m'est monté
Que l'on me vît connu d'un pareil éventé.
Je l'étais peu pourtant; mais on en voit paraître,
De ces gens qui de rien veulent fort vous connaître,
Dont il faut au salut les baisers essuyer,
Et qui sont familiers jusqu'à vous tutoyer.
Il m'a fait à l'abord cent questions frivoles,
Plus haut que les acteurs élevant ses paroles.
Chacun le maudissait, et moi, pour l'arrêter,
Je serais, ai-je dit, bien aise d'écouter.
Tu n'as point vu ceci, marquis? Ah! Dieu me damne!
Je le trouve assez drôle, et je n'y suis pas âne;
Je sais par quelles lois un ouvrage est parfait,
Et Corneille me vient lire tout ce qu'il fait.
Là dessus de la pièce il m'a fait un sommaire,
Scène à scène averti de ce qui s'allait faire,
Et jusques à des vers qu'il en savait par cœur,
Il me les récitait tout haut avant l'acteur.
J'avais beau m'en défendre, il a poussé sa chance,
Et s'est devers la fin levé longtemps d'avance;
Car les gens du bel air, pour agir galamment,
Se gardent bien surtout d'ouïr le dénouement.
Je rendais grace au ciel, et croyais de justice,
Qu'avec la comédie eût fini mon supplice;

ACTE I, SCENE I.

Mais, comme si c'en eût été trop bon marché,
Sur nouveaux frais mon homme à moi s'est attaché,
M'a conté ses exploits, ses vertus non communes,
Parlé de ses chevaux, de ses bonnes fortunes,
Et de ce qu'à la cour il avait de faveur,
Disant qu'à m'y servir il s'offrait de grand cœur.
Je le remerciais doucement de la tête,
Minutant à tous coups quelque retraite honnête;
Mais lui, pour le quitter me voyant ébranlé,
Sortons, ce m'a-t-il dit, le monde est écoulé :
Et, sortis de ce lieu, me la donnant plus sèche,
Marquis, allons au Cours faire voir ma calèche:
Elle est bien entendue, et plus d'un duc et pair
En fait à mon faiseur faire une du même air.
Moi de lui rendre grace, et pour mieux m'en défendre,
De dire que j'avais certain repas à rendre.
Ah! parbleu, j'en veux être, étant de tes amis,
Et manque au maréchal, à qui j'avais promis.
De la chère, ai-je fait, la dose est trop peu forte
Pour oser y prier des gens de votre sorte.
Non, m'a-t-il répondu, je suis sans compliment,
Et j'y vais pour causer avec toi seulement;
Je suis des grands repas fatigué, je te jure.
Mais si l'on vous attend, ai-je dit, c'est injure.
Tu te moques, marquis, nous nous connaissons tous,
Et je trouve avec toi des passetemps plus doux.
Je pestais contre moi, l'âme triste et confuse
Du funeste succès qu'avait eu mon excuse,
Et ne savais à quoi je devais recourir,
Pour sortir d'une peine à me faire mourir;
Lorsqu'un carrosse fait de superbe manière,
Et comblé de laquais et devant et derrière,
S'est, avec un grand bruit, devant nous arrêté,
D'où sautant un jeune homme amplement ajusté,
Mon importun et lui, courant à l'embrassade,
Ont surpris les passants de leur brusque incartade;
Et, tandis que tous deux étaient précipités
Dans les convulsions de leurs civilités,
Je me suis doucement esquivé sans rien dire;
Non sans avoir longtemps gémi d'un tel martyre,

Et maudit le fâcheux, dont le zèle obstiné
M'ôtait au rendez-vous qui m'est ici donné.

LA MONTAGNE.

Ce sont chagrins mêlés aux plaisirs de la vie.
Tout ne va pas, monsieur, au gré de notre envie.
Le ciel veut qu'ici bas chacun ait ses fâcheux,
Et les hommes seraient sans cela trop heureux.

ÉRASTE.

Mais, de tous mes fâcheux, le plus fâcheux encore,
C'est Damis, le tuteur de celle que j'adore,
Qui rompt ce qu'à mes vœux elle donne d'espoir,
Et fait qu'en sa présence elle n'ose me voir.
Je crains d'avoir déjà passé l'heure promise,
Et c'est dans cette allée où devait être Orphise.

LA MONTAGNE.

L'heure d'un rendez-vous d'ordinaire s'étend,
Et n'est pas resserrée aux bornes d'un instant.

ÉRASTE.

Il est vrai ; mais je tremble, et mon amour extrême
D'un rien se fait un crime envers celle que j'aime.

LA MONTAGNE.

Si ce parfait amour que vous prouvez si bien,
Se fait vers votre objet un grand crime de rien,
Ce que son cœur pour vous sent de feux légitimes,
En revanche lui fait un rien de tous vos crimes.

ÉRASTE.

Mais, tout de bon, crois-tu que je sois d'elle aimé?

LA MONTAGNE.

Quoi ! vous doutez encor d'un amour confirmé?

ÉRASTE.

Ah ! c'est mal aisément qu'en pareille matière
Un cœur bien enflammé prend assurance entière :
Il craint de se flatter ; et, dans ses divers soins,
Ce que plus il souhaite est ce qu'il croit le moins ;
Mais songeons à trouver une beauté si rare.

LA MONTAGNE.

Monsieur, votre rabat pardevant se sépare.

ÉRASTE.

N'importe.

LA MONTAGNE.
Laissez-moi l'ajuster, s'il vous plaît.
ÉRASTE.
Ouf! tu m'étrangles ; fat, laisse-le comme il est.
LA MONTAGNE.
Souffrez qu'on peigne un peu...
ÉRASTE.
Sottise sans pareille !
Tu m'as d'un coup de dent presque emporté l'oreille.
LA MONTAGNE.
Vos canons...
ÉRASTE.
Laisse-les, tu prends trop de souci.
LA MONTAGNE.
Ils sont tout chiffonnés.
ÉRASTE.
Je veux qu'ils soient ainsi.
LA MONTAGNE.
Accordez-moi du moins, pour grace singulière,
De frotter ce chapeau qu'on voit plein de poussière.
ÉRASTE.
Frotte donc, puisqu'il faut que j'en passe par là.
LA MONTAGNE.
Le voulez-vous porter fait comme le voilà?
ÉRASTE.
Mon Dieu ! dépêche-toi.
LA MONTAGNE.
Ce serait conscience.
ÉRASTE, *après avoir attendu.*
C'est assez.
LA MONTAGNE.
Donnez-vous un peu de patience.
ÉRASTE.
Il me tue.
LA MONTAGNE.
En quel lieu vous êtes-vous fourré ?
ÉRASTE.
T'es-tu de ce chapeau pour toujours emparé?
LA MONTAGNE.
C'est fait.

ÉRASTE.
Donne-moi donc.
LA MONTAGNE, *laissant tomber le chapeau.*
Haï!
ÉRASTE.
Le voilà par terre!
Je suis fort avancé. Que la fièvre te serre!
LA MONTAGNE.
Permettez qu'en deux coups j'ôte...
ÉRASTE.
Il ne me plaît pas.
Au diantre tout valet qui vous est sur les bras,
Qui fatigue son maître, et ne fait que déplaire
A force de vouloir trancher du nécessaire?

SCÈNE II.

ORPHISE, ALCIDOR, ÉRASTE, LA MONTAGNE.
(*Orphise traverse le fond du théâtre; Alcidor lui donne la main.*)

ÉRASTE.
Mais vois-je pas Orphise? Oui c'est elle qui vient.
Où va-t-elle si vite? et quel homme la tient?
(*Il la salue comme elle passe, et elle, en passant, détourne la tête.*)

SCÈNE III.

ÉRASTE, LA MONTAGNE.

ÉRASTE.
Quoi! me voir en ces lieux devant elle paraître,
Et passer en feignant de ne me pas connaître!
Que croire? Qu'en dis-tu? Parle donc, si tu veux.
LA MONTAGNE.
Monsieur, je ne dis rien de peur d'être fâcheux.
ÉRASTE.
Et c'est l'être en effet que de ne me rien dire
Dans les extrémités d'un si cruel martyre.
Fais donc quelque réponse à mon cœur abattu.
Que dois-je présumer? Parle, qu'en penses-tu?
Dis-moi ton sentiment.

ACTE I, SCENE V.

LA MONTAGNE.
Monsieur, je veux me taire,
Et ne désire point trancher du nécessaire.

ÉRASTE.
Peste l'impertinent ! Va-t-'en suivre leurs pas,
Vois ce qu'ils deviendront, et ne les quitte pas.

LA MONTAGNE, *revenant sur ses pas.*
Il faut suivre de loin ?...

ÉRASTE.
Oui.

LA MONTAGNE, *revenant sur ses pas.*
Sans que l'on me voie,
Ou faire aucun semblant qu'après eux on m'envoie ?

ÉRASTE.
Non, tu feras bien mieux de leur donner avis
Que par mon ordre exprès ils sont de toi suivis.

LA MONTAGNE, *revenant sur ses pas.*
Vous trouverai-je ici ?

ÉRASTE.
Que le ciel te confonde,
Homme, à mon sentiment le plus fâcheux du monde,

SCENE IV.

ÉRASTE, *seul.*

Ah ! que je sens de trouble, et qu'il m'eût été doux
Qu'on me l'eût fait manquer ce fatal rendez-vous !
Je pensais y trouver toutes choses propices,
Et mes yeux pour mon cœur y trouvent des supplices.

SCENE V.

LISANDRE, ÉRASTE.

LISANDRE.
Sous ces arbres de loin mes yeux t'ont reconnu,
Cher marquis, et d'abord je suis à toi venu.
Comme à de mes amis, il faut que je te chante
Certain air que j'ai fait de petite courante,
Qui de toute la cour contente les experts,
Et sur qui plus de vingt ont déjà fait des vers.

J'ai le bien, la naissance, et quelque emploi passable,
Et fais figure en France assez considérable ;
Mais je ne voudrais pas, pour tout ce que je suis,
N'avoir point fait cet air qu'ici je te produis.
(*Il prélude.*)
La, la... hem, hem, écoute avec soin, je te prie.
(*Il chante sa courante.*)
N'est-elle pas belle ?

ÉRASTE.
Ah !

LISANDRE.
Cette fin est jolie.
(*Il rechante la fin quatre ou cinq fois de suite.*)
Comment la trouves-tu ?

ÉRASTE.
Fort belle, assurément.

LISANDRE.
Les pas que j'en ai faits, n'ont pas moins d'agrément,
Et surtout la figure a merveilleuse grace.
(*Il chante, parle et danse tout ensemble.*)
Tiens, l'homme passe ainsi, puis la femme repasse :
Ensemble ; puis on quitte, et la femme vient là.
Vois-tu ce petit trait de feinte que voilà ?
Ce fleuret ? ces coupés courant après la belle ?
Dos à dos, face à face, en se pressant sur elle.
Que t'en semble, marquis ?

ÉRASTE.
Tous ces pas-là sont fins.

LISANDRE.
Je me moque, pour moi, des maîtres baladins.

ÉRASTE.
On le voit.

LISANDRE.
Les pas donc ?

ÉRASTE.
N'ont rien qui me surprenne.

LISANDRE.
Veux-tu, par amitié, que je te les apprenne ?

ÉRASTE.
Ma foi, pour le présent, j'ai certain embarras...

ACTE I, SCENE VII.

LISANDRE.

Ehbien donc! ce sera lorsque tu le voudras.
J'avais dessus moi ces paroles nouvelles,
Nous les lirions ensemble, et verrions les plus belles.

ÉRASTE.

Une autre fois.

LISANDRE.

Adieu; Baptiste le très-cher
N'a point vu ma courante, et je le vais chercher:
Nous avons pour les airs de grandes sympathies,
Et je veux le prier d'y faire des parties.

(*Il s'en va chantant toujours.*)

SCENE VI.

ÉRASTE, *seul.*

Ciel! faut-il que le rang dont on veut tout couvrir,
De cent sots tous les jours nous oblige à souffrir,
Et nous fasse abaisser jusques aux complaisances
D'applaudir bien souvent à leurs impertinences!

SCENE VII.

ÉRASTE, LA MONTAGNE.

LA MONTAGNE.

Monsieur, Orphise est seule, et vient de ce côté.

ÉRASTE.

Ah! d'un trouble bien grand je me sens agité!
J'ai de l'amour encor pour la belle inhumaine,
Et ma raison voudrait que j'eusse de la haine.

LA MONTAGNE.

Monsieur, votre raison ne sait ce qu'elle veut,
Ni ce que sur un cœur une maîtresse peut.
Bien que de s'emporter on ait de justes causes,
Une belle, d'un mot, rajuste bien des choses.

ÉRASTE.

Hélas! je te l'avoue, et déjà cet aspect
A toute ma colère imprime le respect.

SCENE VIII.

ORPHISE, ÉRASTE, LA MONTAGNE.

ORPHISE.

Votre front à mes yeux montre peu d'allégresse ;
Serait-ce ma présence, Eraste, qui vous blesse?
Qu'est-ce donc? Qu'avez-vous? Et sur quels déplaisirs,
Lorsque vous me voyez poussez-vous des soupirs?

ÉRASTE.

Hélas? pouvez-vous bien me demander, cruelle!
Ce qui fait de mon cœur la tristesse mortelle?
Et d'un esprit méchant n'est-ce pas un effet,
Que feindre d'ignorer ce que vous m'avez fait?
Celui dont l'entretien vous a fait à ma vue
Passer...

ORPHISE, *riant.*

C'est de cela que votre ame est émue?

ÉRASTE.

Insultez, inhumaine, encor à mon malheur :
Allez, il vous sied mal de railler ma douleur,
Et d'abuser, ingrate, à maltraiter ma flamme,
Du faible que pour vous vous savez qu'a mon ame.

ORPHISE.

Certes, il en faut rire, et confesser ici
Que vous êtes bien fou de vous troubler ainsi.
L'homme dont vous parlez, loin qu'il puisse plaire
Est un homme fâcheux dont j'ai su me défaire,
Un de ces importuns et sots officieux
Qui ne pourraient souffrir qu'on soit seule en des lieux
Et viennent aussitôt, avec un doux langage,
Vous donner une main contre qui l'on enrage.
J'ai feint de m'en aller pour cacher mon dessein,
Et jusqu'à mon carrosse il m'a prêté la main.
Je m'en suis promptement défaite de la sorte ;
Et j'ai, pour vous trouver, rentré par l'autre porte.

ÉRASTE.

A vos discours, Orphise, ajouterais-je foi?
Et votre cœur est-il tout sincère pour moi?

ORPHISE.

Je vous trouve fort bon de tenir ces paroles ?
Quand je me justifie à vos plaintes frivoles.
Je suis bien simple encore, et ma sotte bonté...

ÉRASTE.

Ah ! ne vous fâchez pas, trop sévère beauté ;
Je veux croire en aveugle, étant sous votre empire,
Tout ce que vous aurez la bonté de me dire.
Trompez, si vous voulez, un malheureux amant ;
J'aurai pour vous respect jusques au monument....
Maltraitez mon amour, refusez-moi le vôtre,
Exposez à mes yeux le triomphe d'un autre ;
Oui, je souffrirai tout de vos divins appas.
J'en mourrai : mais enfin je ne m'en plaindrai pas.

ORPHISE.

Quand de tels sentiments règneront dans votre ame ;
Je saurai de ma part...

SCENE IX.
ALCANDRE, ORPHISE, ERASTE, LA MONTAGNE.

ALCANDRE.

(à *Orphise.*)
Marquis, un mot. Madame,
De grace, pardonnez si je suis indiscret,
En osant, devant vous, lui parler en secret.

(*Orphise sort.*)

SCENE X.
ALCANDRE, ÉRASTE, LA MONTAGNE.

ALCANDRE.

Avec peine, marquis, je te fais la prière :
Mais un homme vient là de me rompre en visière,
Et si je souhaite fort, pour ne rien reculer,
Qu'à l'heure, de ma part, tu l'ailles appeler,
Tu sais qu'en pareil cas ce serait avec joie
Que je te le rendrai en la même monnoie.

ÉRASTE, *après avoir été quelque temps sans parler.*
Je ne veux point ici faire le capitan :
Mais on m'a vu soldat avant que courtisan ;

J'ai servi quatorze ans, et je crois être en passe
De pouvoir d'un tel pas me tirer avec grâce,
Et de ne craindre point qu'à quelque lâcheté
Le refus de mon bras me puisse être imputé.
Un duel met les gens en mauvaise posture ;
Et notre roi n'est pas un monarque en peinture.
Il sait faire obéir les plus grands de l'État,
Et je trouve qu'il fait en digne potentat.
Quand il faut le servir, j'ai du cœur pour le faire ;
Mais je ne m'en sens point, quand il faut lui déplaire.
Je me fais de son ordre une suprême loi :
Pour lui désobéir, cherche un autre que moi.
Je te parle, vicomte, avec franchise entière,
Et suis ton serviteur en toute autre matière.
Adieu.

SCENE XI.

ERASTE, LA MONTAGNE.

ÉRASTE.

Cinquante fois au diable les fâcheux !
Où donc s'est retiré cet objet de mes vœux ?

LA MONTAGNE.

Je ne sais.

ÉRASTE.

Pour savoir où la belle est allée,
Va-t'en chercher par tout ; j'attends, dans cette allée.

FIN DU PREMIER ACTE.

BALLET DU PREMIER ACTE.

PREMIÈRE ENTRÉE.

Des joueurs de mail, en criant gare, obligent Éraste à se retirer, et comme il veut revenir lorsqu'ils ont fait.

SECONDE ENTRÉE.

Des curieux viennent qui tournent autour de lui pour le connaître, et font qu'il se retire encore pour un moment.

ACTE SECOND.

SCÈNE PREMIERE.

ERASTE.

Les fâcheux à la fin se sont-ils écartés?
Je pense qu'il en pleut ici de tous côtés.
Je les fuis, et les trouve; et, pour second martyre,
Je ne saurais trouver celle que je désire.
Le tonnerre et la pluie ont promptement passé,
Et n'ont point de ces lieux le beau monde chassé.
Plût au ciel, dans les dons que ses soins y prodiguent,
Qu'ils en eussent chassé tous les gens qui fatiguent!
Le soleil baisse fort, et je suis étonné
Que mon valet encor ne soit point retourné.

SCÈNE II.

ALCIPPE, ERASTE.

ALCIPPE.
Bonjour.

ERASTE, *à part.*
Hé quoi! toujours ma flamme divertie!

ALCIPPE.
Console-moi, marquis, d'une étrange partie
Qu'au piquet je perdis hier contre un Saint-Bouvain
A qui je donnerais quinze points et la main.
C'est un coup enragé, qui depuis hier m'accable,
Et qui ferait donner tous les joueurs au diable;
Un coup assurément à se pendre en public.
Il ne m'en faut que deux, l'autre a besoin d'un pic:
Je donne, il en prend six, et demande à refaire;
Moi, me voyant de tout, je n'en voulus rien faire.

Je porte l'as de trèfle (admire mon malheur!
L'as, le roi, le valet, le huit et dix de cœur;
Et quitte, comme au point allait la politique,
Dame et roi de carreau, dix et dame de pique.
Sur mes cinq cœurs portés la dame arrive encor,
Qui me fait justement une quinte major
Mais mon homme avec l'as, non sans surprise extrême,
Des bas carreaux sur table étale une sixième;
J'en avais écarté la dame avec le roi;
Mais lui fallant un pic, je sortis hors d'effroi;
Et croyais bien du moins faire deux points uniques.
Avec les sept carreaux il avait quatre piques,
Et, jetant le dernier, m'a mis dans l'embarras,
De ne savoir lequel garder de mes deux as.
J'ai jeté l'as de cœur, avec raison, me semble;
Mais il avait quitté quatre trèfles ensemble,
Et par un six de cœur je me suis vu capot,
Sans pouvoir, de dépit, proférer un seul mot.
Morbleu! fais-moi raison de ce coup effroyable:
A moins que l'avoir vu, peut-il être croyable?

ÉRASTE. [sort.

C'est dans le jeu qu'on voit les plus grands coups du

ALCIPPE.

Parbleu! tu jugeras toi-même si j'ai tort,
Et si c'est sans raison que ce coup me transporte;
Car voici nos deux jeux, qu'exprès sur moi je porte.
Tiens, c'est ici mon port, comme je te l'ai dit;
Et voici....

ÉRASTE.

J'ai compris le tout par ton récit,
Et vois de la justice au transport qui t'agite;
Mais pour certaine affaire il faut que je te quitte.
Adieu. Console-toi pourtant de ton malheur.

ALCIPPE.

Qui, moi? J'aurai toujours ce coup-là sur le cœur;
Et c'est pour ma raison pis qu'un coup de tonnerre.
Je le veux faire, moi, voir à toute la terre.

(*Il s'en va, et rentre en disant:*)

Un six de cœur! Deux points!

ÉRASTE.
En quel lieux sommes-nous?
De quelque part qu'on tourne, on ne voit que des fous.

SCENE III.

ÉRASTE, LA MONTAGNE.

ÉRASTE.
Ah! que tu fais languir ma juste impatience!
LA MONTAGNE.
Monsieur, je n'ai pu faire une autre diligence.
ÉRASTE.
Mais me rapportes-tu quelque nouvelle, enfin?
LA MONTAGNE.
Sans doute; et de l'objet qui fait votre destin,
J'ai, par un ordre exprès, quelque chose à vous dire.
ÉRASTE.
Et quoi? Déjà mon cœur après ce mot soupire.
Parle.

LA MONTAGNE.
Souhaitez-vous de savoir ce que c'est?
ÉRASTE.
Oui, dis vite.
LA MONTAGNE.
Monsieur, attendez, s'il vous plaît:
Je me suis, à courir, presque mis hors d'haleine.
ÉRASTE.
Prends-tu quelque plaisir à me tenir en peine?
LA MONTAGNE.
Puisque vous désirez de savoir promptement
L'ordre que j'ai reçu de cet objet charmant,
Je vous dirai... Ma foi! sans vous vanter mon zèle,
J'ai bien fait du chemin pour trouver cette belle;
Et si...
ÉRASTE.
Peste soit fait de tes digressions!
LA MONTAGNE.
Ah! il faut modérer un peu ses passions;
Et Sénèque...

ÉRASTE.

Sénèque est un sot dans ta bouche,
Puisqu'il ne me dit rien de tout ce qui me touche.
Dis-moi ton ordre, tôt.

LA MONTAGNE.

Pour contenter vos vœux,
Votre Orphise.... Une bête est là dans vos cheveux.

ÉRASTE.

Laisse.

LA MONTAGNE.

Cette beauté, de sa part, vous fait dire...

ÉRASTE.

Quoi?

LA MONTAGNE.

Devinez.

ÉRASTE.

Sais-tu que je ne veux pas rire?

LA MONTAGNE.

Son ordre est qu'en ce lieu vous devez vous tenir,
Assuré que dans peu vous l'y verrez venir,
Lorsqu'elle aura quitté quelques provinciales,
Aux personnes de cour fâcheuses animales.

ÉRASTE.

Tenons-nous donc au lieu qu'elle a voulu choisir.
Mais, puisque l'ordre ici m'offre quelque loisir,
Laisse-moi méditer.

(*La Montagne sort.*)

J'ai dessein de lui faire
Quelques vers sur un air où je la vois se plaire.
(*Il rêve.*)

SCÈNE IV.

ORANTE, CLIMÈNE; ÉRASTE, *dans un coin du théâtre sans être aperçu.*

ORANTE.

Tout le monde sera de mon opinion.

CLIMÈNE.

Croyez-vous l'emporter par obstination?

ORANTE.
Je pense mes raisons meilleures que les vôtres.
CLIMÈNE.
Je voudrais qu'on ouït les unes et les autres.
ORANTE, *apercevant Eraste.*
J'avise un homme ici qui n'est pas ignorant :
Il pourra nous juger sur notre différent.
Marquis, de grace, un mot, souffrez qu'on vous appelle
Pour être entre nous deux juge d'une querelle,
D'un débat qu'ont ému nos divers sentiments
Sur ce qui peut marquer les plus parfaits amants.
ÉRASTE.
C'est une question a vider difficile,
Et vous devez chercher un juge plus habile.
ORANTE.
Non, vous nous dites-là d'inutiles chansons.
Votre esprit fait du bruit, et nous vous connaissons ;
Nous savons que chacun vous donne à juste titre...
ÉRASTE.
Hé ! de grace...
ORANTE.
En un mot, vous serez notre arbitre ;
Et ce sont deux moments qu'il vous faut nous donner.
CLIMÈNE, *à Orante.*
Vous retenez ici qui doit vous condamner :
Car enfin, s'il est vrai ce que j'en ose croire,
Monsieur à mes raisons donnera la victoire.
ÉRASTE, *à part.*
Que ne puis-je à mon traître inspirer le souci
D'inventer quelque chose à me tirer d'ici !
ORANTE, *à Climène.*
Pour moi, de son esprit j'ai trop bon témoignage,
Pour craindre qu'il prononce à mon désavantage.
(*à Éraste.*)
Enfin, ce grand débat qui s'allume entre nous,
Est de savoir s'il faut qu'un amant soit jaloux.
CLIMÈNE.
Ou, pour mieux expliquer ma pensée et la vôtre,
Lequel doit plaire plus d'un jaloux ou d'un autre.

ORANTE.
Pour moi, sans contredit, je suis pour le dernier.
CLIMÈNE.
Et, dans mon sentiment, je tiens pour le premier.
ORANTE.
Je crois que notre cœur doit donner son suffrage
A qui fait éclater du respect davantage.
CLIMÈNE.
Et moi, que si nos vœux doivent paraître au jour,
C'est pour celui qui fait éclater plus d'amour.
ORANTE.
Oui ; mais on voit l'ardeur dont une ame est saisie,
Bien mieux dans le respect que dans la jalousie.
CLIMÈNE.
Et c'est mon sentiment, que qui s'attache à nous
Nous aime d'autant plus, qu'il se montre jaloux.
ORANTE.
Fi ! ne me parlez point, pour être amants, Climène,
De ces gens dont l'amour est fait comme la haine,
Et qui, pour tous respects et toute offre de vœux,
Ne s'appliquent jamais qu'à se rendre fâcheux ;
Dont l'ame que sans cesse un noir transport anime,
Des moindres actions cherche à nous faire un crime,
En soumet l'innocence à son aveuglement,
Et veut sur un coup d'œil un éclaircissement ;
Qui, de quelque chagrin nous voyant l'apparence,
Se plaignent aussitôt qu'il naît de leur présence,
Et, lorsque dans nos yeux brille un peu d'enjouement,
Veulent que leurs rivaux en soient le fondement ;
Enfin, qui, prenant droit des fureurs de leur zèle,
Ne vous parlent jamais que pour faire querelle,
Osent défendre à tous l'approche de nos cœurs,
Et se font les tyrans de leurs propres vainqueurs.
Moi, je veux des amants que le respect inspire,
Et leur soumission marque mieux notre empire.
CLIMÈNE.
Fi ! ne me parlez point, pour être vrais amants,
De ces gens qui pour nous n'ont nuls emportements,
De ces tièdes galants, de qui les cœurs paisibles
Tiennent déjà pour eux les choses infaillibles,

N'ont point peur de nous perdre, et laissent, chaque [jour,
Sur trop de confiance, endormir leur amour;
Sont avec leurs rivaux en bonne intelligence,
Et laissent un champ libre à leur persévérance.
Un amour si tranquille excite mon courroux.
C'est aimer froidement que n'être point jaloux;
Et je veux qu'un amant, pour me prouver sa flamme,
Sur d'éternels soupçons laisse flotter son ame,
Et, par de prompts transports, donne un signe éclatant
De l'estime qu'il fait de celle qu'il prétend.
On s'applaudit alors de son inquiétude;
Et, s'il nous fait parfois un traitement trop rude,
Le plaisir de le voir, soumis à nos genoux,
S'excuser de l'éclat qu'il a fait contre nous,
Ses pleurs, son désespoir d'avoir pu nous déplaire,
Est un charme à calmer toute notre colère.

ORANTE.

Si, pour vous plaire, il faut beaucoup d'emportement,
Je sais qui vous pourrait donner contentement;
Et je connais des gens dans Paris plus de quatre,
Qui, comme ils le font voir, aiment jusques à battre.

CLIMÈNE.

Si, pour vous plaire, il faut n'être jamais jaloux,
Je sais certaines gens fort commodes pour vous;
Des hommes en amour d'une humeur si souffrante,
Qu'ils vous verraient sans peine entre les bras de trente.

ORANTE.

Enfin par votre arrêt vous devez déclarer
Celui de qui l'amour vous semble à préférer.
    (*Orphise paraît dans le fond du théâtre, et voit
        Eraste entre Orante et Climène.*)

ÉRASTE.

Puisqu'à moins d'un arrêt je ne m'en puis défaire,
Toutes deux à la fois je vous veux satisfaire;
Et, pour ne point blâmer ce qui plaît à vos yeux,
Le jaloux aime plus, et l'autre aime bien mieux.

CLIMÈNE.

L'arrêt est plein d'esprit, mais....

ÉRASTE.

Suffit. J'en suis quitte.
Après ce que j'ai dit, souffrez que je vous quitte.

SCENE V.

ORPHISE, ÉRASTE.

ÉRASTE, *apercevant Orphise, et allant au devant d'elle*
Que vous tardez, madame, et que j'éprouve bien!...
ORPHISE.
Non, non, ne quittez pas un si doux entretien.
A tort vous m'accusez d'être trop tard venue;
(*montrant Orante et Climène qui viennent de sortir.*)
Et vous avez de quoi vous passer de ma vue.
ÉRASTE.
Sans sujet contre moi voulez-vous vous aigrir?
Et me reprochez-vous ce qu'on me fait souffrir?
Ah! de grace, attendez...
ORPHISE.
Laissez-moi, je vous prie;
Et courez vous rejoindre à votre compagnie.

SCENE VI.

ÉRASTE, *seul*.

Ciel! faut-il qu'aujourd'hui fâcheuses et fâcheux
Conspirent à troubler les plus chers de mes vœux!
Mais allons sur ses pas malgré sa résistance,
Et faisons à ses yeux briller notre innocence.

SCENE VII.

DORANTE, ÉRASTE.

DORANTE.
Ah! marquis! que l'on voit de fâcheux tous les jo[urs]
Venir de nos plaisirs interrompre le cours!
Tu me vois enragé d'une assez belle chasse
Qu'un fat... C'est un récit qu'il faut que je te fasse.
ÉRASTE.
Je cherche ici quelqu'un, et ne puis m'arrêter.
DORANTE.
Parbleu! chemin faisant, je te le veux conter.

Nous étions une troupe assez bien assortie,
Qui pour courir un cerf, avions hier fait partie;
Et nous fûmes coucher sur le pays exprès,
C'est à dire, mon cher, en fin fond de forêts.
Comme cet exercice est mon plaisir suprême,
Je voulus, pour bien faire, aller aux bois moi-même,
Et nous conclûmes tous d'attacher nos efforts
Sur un cerf, qu'un chacun nous disait cerf dix-cors:
Mais, moi, mon jugement, sans qu'aux marques j'arrête,
Fut qu'il n'était que cerf à sa seconde tête.
Nous avions, comme il faut, séparé nos relais,
Et dejeûnions en hâte avec quelques œufs frais,
Lorsqu'un franc campagnard avec longue rapière,
Montant superbement sa jument poulinière
Qu'il honorait du nom de sa bonne jument,
S'en est venu nous faire un mauvais compliment,
Nous présentant aussi, pour surcroît de colère,
Un grand benêt de fils aussi sot que son père.
Il s'est dit grand chasseur, et nous a priés tous
Qu'il pût avoir le bien de courir avec nous.
Dieu préserve, en chassant, toute sage personne
D'un porteur de huchet, qui mal à propos sonne;
De ces gens qui, suivis de dix hourets galeux,
Disent, ma meute, et font les chasseurs merveilleux !
Sa demande reçue, et ses vertus prisées,
Nous avons tous été frapper à nos brisées.
A trois longueurs de trait, tayaut, voilà d'abord
Le cerf donné aux chiens. J'appuie, et sonne fort.
Mon cerf débûche, et passe une assez longue plaine;
Et mes chiens après lui, mais si bien en haleine,
Qu'on les aurait couverts tous d'un seul justaucorps.
Il vient à la forêt. Nous lui donnons alors
La vieille meute : et moi, je prends en diligence
Mon cheval alezan. Tu l'as vu?

ÉRASTE.

Non, je pense.

DORANTE.

Comment! c'est un cheval aussi bon qu'il est beau.
Et que ces jours passé, j'achetai de Gaveau [1]

[1] Fameux marchand de chevaux.

Je te laisse à penser si, sur cette matière,
Il voudrait me tromper, lui qui me considère ;
Aussi je m'en contente ; et jamais, en effet,
Il n'a vendu cheval ni meilleur ni mieux fait..
Une tête de barbe, avec l'étoile nette,
L'encolure d'un cygne, effilée et bien droite ;
Point d'épaule, non plus qu'un lièvre, court jointé,
Et qui fait dans son port, voir sa vivacité ; [dir
Des pieds! morbleu, des pieds! le rein double : à vra
J'ai trouvé le moyen, moi seul, de le réduire ;
Et sur lui quoiqu'aux yeux il montât beau semblant,
Petit-Jean de Gaveau ne montait qu'en tremblant.
Une croupe en largeur à nulle autre pareille,
Et des gigots, Dieu sait ! Bref, c'est une merveille ;
Et j'en ai refusé cent pistoles, crois moi,
Au retour d'un cheval amené pour la roi.
Je monte donc dessus, et ma joie était plaine ;
De voir filer de loin les coupeurs dans la pleine ;
Je pousse, et je me trouve en un fort à l'écart,
A la queue de nos chiens, moi seul avec Drécar¹ :
Une heure là dedans notre cerf se fait battre.
J'appuie alors mes chiens, et fais le diable à quatre,
Enfin jamais chasseur ne se vit plus joyeux.
Je le relance seul et tout allait des mieux,
Lorsque d'un jeune cerf s'accompagne le nôtre :
Une part de mes chiens se sépare de l'autre ;
Et je les vois, marquis, comme tu peux penser,
Chasser tous avec crainte, et Finaut balancer ;
Il se rabat soudain, dont j'eus l'ame ravie ;
Il empaume la voie ; et moi, je sonne et crie :
A Finaut! à Finaut! J'en revois à plaisir
Sur une taupinière, et resonne à loisir. [gra
Quelques chiens revenaient à moi, quand, pour di
Le jeune cerf, marquis, à mon campagnard passe.
Mon étourdi se met à sonner comme il faut,
Et crie à pleine voix, tayaut! tayaut! tayaut!
Mes chiens me quittent tous, et vont à ma pécore:
J'y pousse, et j'en revois dans le chemin encore;

¹ Fameux piqueur.

Mais à terre, mon cher, je n'eus pas jeté l'œil,
Que je connus le change, et sentis un grand deuil.
J'ai beau lui faire voir toutes les différences
Des pinces de mon cerf et de ses connaissances,
Il me soutient toujours, en chasseur ignorant,
Que c'est le cerf de meute ; et par ce différent,
Il donne temps aux chiens d'aller loin. J'en enrage,
Et, pestant de bon cœur contre le personnage,
Je pousse mon cheval et par haut et par bas,
Qui pliait des gaulis aussi gros que les bras :
Je ramène les chiens à ma première voie,
Qui vont, en me donnant une excessive joie,
Requérir notre cerf, comme s'ils l'eussent vu.
Ils le relancent : mais ce coup est-il prévu !
A te dire le vrai, cher marquis, il m'assomme :
Notre cerf relancé va passer à notre homme,
Qui, croyant faire un trait de chasseur fort vanté,
D'un pistolet d'arçon qu'il avait apporté,
Lui donne justement au milieu de la tête,
Et de fort loin me crie : Ah ! j'ai mis bas la bête !
A-t-on jamais parlé de pistolets, bon dieu !
Pour courre un cerf ? Pour moi, venant dessus le lieu,
J'ai trouvé l'action tellement hors d'usage,
Que j'ai donné des deux à mon cheval, de rage,
Et m'en suis revenu chez moi toujours courant,
Sans vouloir dire un mot à ce sot ignorant.

ÉRASTE.

Tu ne pouvais mieux faire, et ta prudence est rare :
C'est ainsi des fâcheux qu'il faut qu'on se sépare.
Adieu.

DORANTE.

Quand tu voudras, nous irons quelque part,
Où nous ne craindrons pas de chasseur campagnard.

ÉRASTE, *seul*.

Fort bien. Je crois qu'enfin je perdrai patience.
Cherchons à m'excuser avecque diligence.

FIN DU SECOND ACTE.

BALLET DU SECOND ACTE.

PREMIÈRE ENTRÉE.

Des joueurs de boule arrêtent Éraste pour mesurer un coup sur lequel ils sont en dispute. Il se défait d'eux avec peine, et leur laisse danser un pas composé de toutes les postures qui sont ordinaires à ce jeu.

SECONDE ENTRÉE.

De petits frondeurs les viennent interrompre, qui sont chassés ensuite.

TROISIÈME ENTRÉE.

Par des savetiers et des savetières, leurs pères, et autres, qui sont aussi chassés à leur tour.

QUATRIÈME ENTRÉE.

Par un jardinier qui danse seul, et se retire pour faire place au troisième acte.

ACTE III.

SCÈNE PREMIÈRE.

ÉRASTE, LA MONTAGNE.

ÉRASTE.

Il est vrai, d'un côté, mes soins ont réussi,
Cet adorable objet enfin s'est adouci ;
Mais d'un autre on m'accable, et les astres sévères
Ont contre mon amour redoublé leurs colères.
Oui, Damis son tuteur, mon plus rude fâcheux,
Tout de nouveau s'oppose au plus doux de mes vœux,
A son aimable nièce a défendu ma vue,
Et veut d'un autre époux la voir demain pourvue.
Orphise toutefois, malgré son désaveu,
Daigne accorder ce soir une grace à mon feu ;
Et j'ai fait consentir l'esprit de cette belle
A souffrir qu'en secret je la visse chez elle.
L'amour aime surtout les secrètes faveurs.
Dans l'obstacle qu'on force il trouve des douceurs ;
Et le moindre entretien de la beauté qu'on aime,
Lorsqu'il est défendu, devient grace suprême.
Je vais au rendez-vous, c'en est l'heure à peu près.
Puis je veux m'y trouver plutôt avant qu'après.

LA MONTAGNE.

Suivrai-je vos pas ?

ÉRASTE.

Non. Je craindrais que peut-être
A quelques yeux suspects tu me fisses connaître.

LA MONTAGNE.

Mais...

ÉRASTE.

Je ne le veux pas.

LA MONTAGNE.

       Je dois suivre vos lois :
Mais au moins, si de loin...
    ÉRASTE.

        Te tairas-tu, vingt fois?
Et ne veux-tu jamais quitter cette méthode,
De te rendre à toute heure un valet incommode?

SCENE II.
CARITIDÈS, ÉRASTE.

CARITIDÈS.

Monsieur, le temps répugne à l'honneur de vous voir,
Le matin est plus propre à rendre un tel devoir :
Mais de vous rencontrer il n'est pas bien facile,
Car vous dormez toujours, ou vous êtes en ville :
Au moins, messieurs vos gens me l'assurent ainsi;
Et j'ai, pour vous trouver, pris l'heure que voici.
Encore est-ce un grand heur dont le destin m'honore,
Car, deux moments plus tard, je vous manquais encore.

ÉRASTE.

Monsieur, souhaitez-vous quelque chose de moi?

CARITIDÈS.

Je m'acquitte, monsieur, de ce que je vous doi,
Et vous viens... Excusez l'audace qui m'inspire.
Si...

ÉRASTE.

   Sans tant de façons, qu'avez-vous à me dire?

CARITIDÈS.

Comme le rang, l'esprit, la générosité,
Que chacun vante en vous...

ÉRASTE.

       Oui, je suis fort vanté.
Passons, monsieur.

CARITIDÈS.

     Monsieur, c'est une peine extrême;
Lorsqu'il faut à quelqu'un se produire soi-même;
Et toujours près des grands on doit être introduit
Par des gens qui de nous fassent un peu de bruit,

ACTE III, SCÈNE II.

Dont la bouche écoutée avecque poids débite
Ce qui peut faire voir notre petit mérite.
Enfin, j'aurais voulu que des gens bien instruits
Vous eussent pu, monsieur, dire ce que je suis.

ÉRASTE.

Je vois assez, monsieur, ce que vous pouvez être,
Et votre seul abord le peut faire connaître.

CARITIDÈS.

Oui, je suis un savant charmé de vos vertus,
Non pas de ces savants dont le nom n'est qu'en *us*,
Il n'est rien si commun qu'un nom à la latine :
Ceux qu'on habille en grec ont bien meilleure mine ;
Et, pour en avoir un qui se termine en *ès*,
Je me fais appeler monsieur Caritidès.

ÉRASTE.

Monsieur Caritidès, soit. Qu'avez-vous à dire?

CARITIDÈS.

C'est un placet, monsieur, que je voudrais vous lire,
Et que, dans la posture où vous met votre emploi,
J'ose vous conjurer de présenter au roi.

ÉRASTE.

Hé! monsieur, vous pouvez le présenter vous-même.

CARITIDÈS.

Il est vrai que le roi fait cette grace extrême ;
Mais, par ce même excès de ses rares bontés,
Tant de méchants placets, monsieur, sont présentés,
Qu'ils étouffent les bons ; et l'espoir où je fonde
Est qu'on donne le mien quand le prince est sans monde.

ÉRASTE.

Hé bien ! vous le pouvez, et prendre votre temps.

CARITIDÈS.

Ah! monsieur, les huissiers sont de terribles gens !
Ils traitent les savants de faquins à nasardes,
Et je n'en puis venir qu'à la salle des gardes.
Les mauvais traitements qu'il me faut endurer,
Pour jamais de la cour me feraient retirer,
Si je n'avais conçu l'espérance certaine,
Qu'auprès de notre roi vous serez un Mécène,
Oui, votre crédit m'est un moyen assuré...

ÉRASTE.

Hé bien! donnez-moi donc; je le présenterai.

CARITIDÈS.

Le voici. Mais au moins oyez-en la lecture.

ÉRASTE.

Non...

CARITIDÈS.

C'est pour être instruit, monsieur : je vous conjure.

AU ROI.

Sire,

« Votre très humble, très obéissant, très fidèle et
» très savant sujet et serviteur Caritidès, Français de
» nation, grec de profession, ayant considéré les
» grands et notables abus qui se commettent aux in-
» scriptions des enseignes des maisons, boutiques,
» cabarets, jeux de boule, et autres lieux de votre
» bonne ville de Paris, en ce que certains igno-
» rants, compositeurs desdites inscriptions, renver-
» sent, par une barbare, pernicieuse et détestable
» orthographe, toute sorte de sens et de raison, sans
» aucun égard d'étymologie, analogie, énergie, ni al-
» légorie quelconque, au grand scandale de la répu-
» blique des lettres, et de la nation française, qui se
» décrie et se déshonore par lesdits abus et fautes
» grossières, envers les étrangers, notamment envers
» les Allemands, curieux lecteurs et spectateurs des-
» dites inscriptions...

ÉRASTE.

Ce placet est fort long, et pourrait bien fâcher...

CARITIDÈS.

Ah! monsieur, pas un mot ne s'en peut retrancher.

ÉRASTE.

Achevez promptement.

CARITIDÈS, *continue.*

» Supplie humblement VOTRE MAJESTÉ de créer, pour
» le bien de son État et la gloire de son empire, une
» charge de contrôleur, intendant, correcteur, reviseur
» et restaurateur général desdites inscriptions, et

» d'icelle honorer le suppliant, tant en considéra-
» tion de son rare et éminent savoir, que des grands et
» signalés services qu'il a rendus à l'Etat et à VOTRE
» MAJESTÉ, en faisant l'anagramme de VOTRE DITE
» MAJESTÉ, en français, latin, grec, hébreu, syriaque,
» chaldéen, arabe... »

ÉRASTE, *l'interrompant.*

Fort bien. Donnez-le vite, et faites la retraite :
Il sera vu du roi ; c'est une affaire faite.

CARITIDÈS.

Hélas ! monsieur, c'est tout que montrer mon placet.
Si le roi le peut voir, je suis sûr de mon fait ;
Car, comme sa justice en toute chose est grande,
Il ne pourra jamais refuser ma demande.
Au reste, pour porter au ciel votre renom ;
Donnez-moi par écrit votre nom et surnom,
J'en veux faire un poëme en forme d'acrostiche (che.
Dans les deux bouts du vers et dans chaque hémisti-

ÉRASTE.

Oui, vous l'aurez demain, monsieur Caritidès.

(*seul*).

Ma foi, de tels savants sont des ânes bien faits.
J'aurais dans d'autres temps bien ri de sa sottise.

SCENE III.
ORMIN, ÉRASTE.

ORMIN.

Bien qu'une grande affaire en ce lieu me conduise,
J'ai voulu qu'il sortît avant que vous parler.

ÉRASTE.

Fort bien. Mais dépêchons ; car je veux m'en aller.

ORMIN.

Je me doute à peu près que l'homme qui vous quitte
Vous a fort ennuyé, monsieur, par sa visite.
C'est un vieux importun qui n'a pas l'esprit sain,
Et pour qui j'ai toujours quelque défaite en main.
Au Mail, à Luxembourg, et dans les Tuileries,
Il fatigue le monde avec ses rêveries ;

Et des gens comme vous doivent fuir l'entretien
De tous ces savantas qui ne sont bons à rien.
Pour moi, je ne crains pas que je vous importune,
Puisque je viens, monsieur, faire votre fortune.
   ÉRASTE, *bas, à part*.
Voici quelque souffleur, de ces gens qui n'ont rien,
Et vous viennent toujours promettre tant de bien.
  (*haut*).
Vous avez fait, monsieur, cette bénite pière,
Qui peut seul enrichir tous les rois de la terre?
   ORMIN.
La plaisante pensée, hélas! où vous voilà!
Dieu me garde, monsieur, d'être de ces fous là!
Je ne me repais point de visions frivoles,
Et je vous porte ici les solides paroles
D'un avis que par vous je veux donner au roi,
Et que tout cacheté je conserve sur moi :
Non de ces sots projets, de ces chimères vaines,
Dont les surintendants ont les oreilles pleines;
Non de ces gueux d'avis, dont les prétentions
Ne parlent que de vingt ou trente millions;
Mais un qui, tous les ans, à si peu qu'on le monte,
En peut donner au roi quatre cents de bon compte,
Avec facilité, sans risque, ni soupçon,
Et sans fouler le peuple en aucune façon;
Enfin c'est un avis d'un gain inconcevable,
Et que du premier mot on trouvera faisable.
Oui, pourvu que par vous je puisse être poussé...
   ÉRASTE.
Soit; nous en parlerons. Je suis un peu pressé.
   ORMIN.
Si vous me promettiez de garder le silence,
Je vous découvrirais cet avis d'importance.
   ÉRASTE.
Non, non, je ne veux point savoir votre secret.
   ORMIN.
Monsieur, pour le trahir, je vous crois trop discret,
Et veux, avec franchise, en deux mots vous l'ap-
          [prendre.
Il faut voir si quelqu'un ne peut point nous entendre.

(*Après avoir regardé si personne ne l'écoute, il
s'approche de l'oreille d'Éraste.*)
Cet avis merveilleux dont je suis l'inventeur,
Est que...

ÉRASTE.

D'un peu plus loin, et pour cause, monsieur,

ORMIN.

Vous voyez le grand gain, sans qu'il faille le dire,
Que de ses ports de mer le roi tous les ans tire,
Or l'avis, dont encor nul ne s'est avisé,
Est qu'il faut de la France, et c'est un coup aisé,
En fameux ports de mer mettre toutes les côtes.
Ce serait pour monter à des sommes très hautes;
Et si...

ÉRASTE.

L'avis est bon, et plaira fort au roi.
Adieu. Nous nous verrons.

ORMIN.

Au moins, appuyez-moi
Pour en avoir ouvert les premières paroles.

ÉRASTE.

Oui, oui.

ORMIN.

Si vous vouliez me prêter deux pistoles,
Que vous reprendriez sur le droit de l'avis,
Monsieur...

ÉRASTE.

(*Il donne de l'argent à Ormin.*) (*seul.*)
Oui, volontiers. Plût à Dieu qu'à ce prix
De tous les importuns je pusse me voir quitte!
Voyez quel contretemps prend ici leur visite!
Je pense qu'à la fin je pourrai bien sortir.
Viendra-t-il point quelqu'un encor me divertir?

SCÈNE IV.

FILINTE, ÉRASTE.

FILINTE.

Marquis, je viens d'apprendre une étrange nouvelle.

ÉRASTE.

Quoi?

FILINTE.

Qu'un homme tantôt t'a fait une querelle.

ÉRASTE.

A moi?

FILINTE.

Que te sert-il de le dissimuler?
Je sais de bonne part qu'on t'a fait appeler;
Et, comme ton ami, quoi qu'il en réussisse,
Je te viens contre tous faire offre de service.

ÉRASTE.

Je te suis obligé; mais crois que tu me fais...

FILINTE.

Tu ne l'avoueras pas, mais tu sors sans valets.
Demeure dans la ville, ou gagne la campagne,
Tu n'iras nulle part que je ne t'accompagne.

ÉRASTE, *à part.*

Ah! j'enrage!

FILINTE.

A quoi bon de te cacher de moi?

ÉRASTE.

Je te jure, marquis, qu'on s'est moqué de toi.

FILINTE.

En vain tu t'en défends.

ÉRASTE.

Que le ciel me foudroie,
Si d'aucun démêlé...

FILINTE.

Tu penses qu'on te croie?

ÉRASTE.

Hé! mon Dieu! je te dis et ne déguise point
Que...

FILINTE.

Ne me crois pas dupe et crédule à ce point.

ÉRASTE.

Veux-tu m'obliger?

FILINTE.

Non.

ÉRASTE.
Laisse-moi je te prie.
FILINTE.
Point d'affaire, marquis.
ÉRASTE.
Une galanterie
En certain lieu, ce soit...
FILINTE.
Je ne te quitte pas.
En quel lieu que ce soit, je veux suivre tes pas.
ÉRASTE.
Parbleu ! puisque tu veux que j'aie une querelle !
Je consens à l'avoir pour contenter ton zèle;
Ce sera contre toi, qui me fais enrager,
Et dont je ne me puis par douceur dégager.
FILINTE.
C'est fort mal d'un ami recevoir le service;
Mais puisque je vous rends un si mauvais office,
Adieu. Videz sans moi tout ce que vous aurez.
ÉRASTE.
Vous serez mon ami quand vous me quitterez.
 (*seul.*)
Mais voyez quels malheurs suivent ma destinée !
Ils m'auront fait passer l'heure qu'on m'a donnée.

SCENE V.
DAMIS, L'EPINE, ERASTE, LA RIVIÈRE,
et ses compagnons.

DAMIS, *à part.*
Quoi ! malgré moi le traître espère l'obtenir !
Ah ! mon juste courroux le saura prévenir.
ÉRASTE, *à part.*
J'entrevois là quelqu'un sur la porte d'Orphise.
Quoi ! toujours quelque obstacle aux feux qu'elle au-
DAMIS, *à l'Épine.*   [torise !
Oui, j'ai su que ma nièce, en dépit de mes soins,
Doit voir ce soir chez elle Eraste sans témoins.
LA RIVIÈRE, *à ses compagnons.*
Qu'entends-je à ces gens-là dire de notre maître ?
Approchons doucement sans nous faire connaître.

DAMIS, *à l'Épine.*

Mais avant qu'il ait lieu d'achever son dessein,
Il faut de mille coups percer son traître sein.
Va-t'en faire venir ceux que je viens de dire
Pour les mettre en embûche au lieu que je désire,
Afin qu'au nom d'Eraste on soit prêt à venger
Mon honneur que ses feux ont l'orgueil d'outrager,
A rompre un rendez-vous qui dans ce lieu l'appelle,
Et noyer dans son sang sa flamme criminelle.

LA RIVIÈRE, *attaquant Damis avec ses compagnons.*

Avant qu'à tes fureurs l'on puisse l'immoler,
Traître! tu trouveras en nous à qui parler.

ÉRASTE.

Bien qu'il m'ait voulu perdre, un point d'honneur me [presse
De secourir ici l'oncle de ma maîtresse.
 (*à Damis.*)
Je suis à vous, monsieur.
(*Il met l'épée à la main, contre La Rivière et ses compagnons qu'il met en fuite.*)

DAMIS.

O ciel! par quels secours,
D'un trépas assuré vois-je sauver mes jours?
A qui suis-je obligé d'un si rare service?

ÉRASTE, *revenant.*

Je n'ai fait, vous servant qu'un acte de justice.

DAMIS.

Ciel! puis-je à mon oreille ajouter quelque foi?
Est-ce la main d'Eraste?...

ÉRASTE.

Oui, oui, monsieur, c'est moi.
Trop heureux que ma main vous ait tiré de peine,
Trop malheureux d'avoir mérité votre haine.

DAMIS.

Quoi! celui dont j'avais résolu le trépas,
Est celui qui pour moi vient d'employer son bras!
Ah! c'en est trop; mon cœur est contraint de se rendre;
Et, quoi que votre amour ce soir ait pu prétendre,
Ce trait si surprenant de générosité
Doit étouffer en moi toute animosité.

Je rougis de ma faute, et blâme mon caprice.
Ma haine trop longtemps vous a fait injustice ;
Et, pour la condamner par un éclat fameux,
Je vous joins dès ce soir à l'objet de vos vœux.

SCÈNE VI.

ORPHISE, DAMIS, ERASTE.

ORPHISE, *sortant de chez elle avec un flambeau.*
Monsieur, quelle aventure a d'un trouble effroyable...
DAMIS.
Ma nièce, elle n'a rien que de très agréable,
Puisqu'après tant de vœux que j'ai blâmés en vous,
C'est elle qui vous donne Eraste pour époux.
Son bras a repoussé le trépas que j'évite,
Et je veux envers lui que votre main m'acquite.
ORPHISE.
Si c'est pour lui payer ce que vous lui devez,
J'y consens, devant tout aux jours qu'il a sauvés.
ERASTE.
Mon cœur est si surpris d'une telle merveille,
Qu'en ce ravissement je doute si je veille.
DAMIS.
Célébrons l'heureux sort dont vous allez jouir,
Et que nos violons viennent nous réjouir.
(*On frappe à la porte de Damis.*)
ERASTE.
Qui frappe là si fort?

SCENE VII.

DAMIS, ORPHISE, ÉRASTE, L'EPINE.

L'ÉPINE.
Monsieur, ce sont des masques,
Qui portent des crincrins et des tambours de basques.
(*Les masques entrent qui occupent toute la place.*)

FIN DU TROISIÈME ACTE.

ÉRASTE.

Quoi ! toujours des fâcheux ! Holà ! Suisses, ici ;
Qu'on me fasse sortir ces gredins que voici.

BALLET DU TROISIÈME ACTE.

PREMIÈRE ENTRÉE.

Des Suisses, avec des hallebardes, chassent tous les masques fâcheux, et se retirent ensuite pour laisser danser, à leur aise.

SECONDE ENTRÉE.

Quatre bergers et une bergère qui, au sentiment de tous ceux qui l'ont vue, ferme le divertissement d'assez bonne grace.

FIN DES FACHEUX.

L'ÉCOLE DES FEMMES,

COMÉDIE EN CINQ ACTES.

1662.

A MADAME.[1]

MADAME,

Je suis le plus embarrassé homme du monde, lorsqu'il me faut dédier un livre ; et je me trouve si peu fait au style d'épitre dédicatoire, que je ne sais par où sortir de celle-ci. Un auteur qui serait en ma place trouverait d'abord cent belles choses à dire de VOTRE A. R. sur ce titre de *l'École des Femmes*, et l'offre qu'il vous en ferait. Mais, pour moi, MADAME, je vous avoue mon faible ; je ne sais point cet art de trouver des rapports entre des choses si peu proportionnées ; et quelques belles lumières que mes confrères les auteurs me donnent tous les jours sur de pareils sujets, je ne vois point ce que votre ALTESSE ROYALE pourrait avoir à démêler avec la comédie que je lui présente. On n'est pas en peine, sans doute, comment il faut faire pour vous louer. La matière, madame, ne saute que trop aux yeux ; et de quelque côté qu'on vous regarde, on rencontre gloire sur gloire,

---

[1] MADAME, première femme de Monsieur, frère de Louis XIV, était cette Henriette d'Angleterre, petite fille de Henri IV. dont tout le monde chérissait la bonté, l'esprit et les graces : dont la mort soudaine et prématurée fit naître des soupçons d'empoisonnement qui sont loin d'être encore détruits ; et dont l'oraison funèbre, prononcée par Bossuet, est un des chefs-d'œuvre de ce grand orateur. Elle mourut à Saint-Cloud le 30 juin 1670, à l'âge de vingt six ans.

qualités sur qualités. Vous en avez du côté du rang et de la naissance, qui vous font respecter de toute la terre. Vous en avez du côté des graces et de l'esprit, et du corps, qui vous font admirer de toutes les personnes qui vous voient. Vous en avez du côté de l'ame, qui, si l'on ose parler ainsi, vous font aimer de tous ceux qui ont l'honneur d'approcher de vous: je veux dire cette douceur pleine de charmes dont vous daignez tempérer la fierté des grands titres que vous portez, cette bonté tout obligeante, cette affabilité généreuse que vous faites paraître pour tout le monde. Et ce sont particulièrement ces dernières pour qui je suis, et dont je sens fort bien que je ne me pourrai taire quelque jour. Mais, encore une fois, MADAME, je ne sais point le biais de faire entrer ici des vérités si éclatantes; et ce sont choses, à mon avis, et d'une trop vaste étendue, et d'un mérite trop relevé, pour les vouloir renfermer dans une épître et les mêler avec des bagatelles. Tout bien considéré, MADAME, je ne vois rien à faire ici pour moi que de vous dédier simplement ma comédie et de vous assurer, avec tout le respect qu'il m'est possible, que je suis,

DE VOTRE ALTESSE ROYALE

MADAME,

le très humble, très obéissant, et très obligé serviteur,

J. P. MOLIÈRE.

PRÉFACE.

Bien des gens ont frondé d'abord cette comédie; mais les rieurs ont été pour elle, et tout le mal qu'on en a pu dire, n'a pu faire qu'elle n'ait eu un succès dont je me contente. Je sais qu'on attend de moi dans cette impression quelque préface qui réponde aux censeurs, et rende raison de mon ouvrage; et sans doute que je suis assez redevable à toutes les personnes qui lui ont donné leur approbation, pour me croire obligé de défendre leur jugement contre celui des autres; mais il se trouve qu'une grande partie des choses que j'aurais à dire sur ce sujet est déjà dans une dissertation que j'ai faite en dialogue, et dont je ne sais encore ce que je ferai. L'idée de ce dialogue, ou, si l'on veut, de cette petite comédie, me vint après les deux ou trois premières représentations de ma pièce. Je la dis, cette idée, dans une maison où je me trouvai un soir; et d'abord une personne de qualité, dont l'esprit est assez connu dans le monde, et qui me fait l'honneur de m'aimer, trouva le projet assez à son gré, non seulement pour me solliciter d'y mettre la main, mais encore pour l'y mettre lui-même; et je fus étonné que, deux jours après, il me montra toute l'affaire exécutée d'une manière, à la vérité, beaucoup plus galante et plus spirituelle que je ne puis faire, mais où je trouvai des choses trop avantageuses pour moi; et j'eus peur que, si je produisais cet ouvrage sur notre théâtre, on ne m'accusât d'avoir mendié les louanges qu'on m'y donnait. Cependant, cela m'empêcha, par quelque considération, d'achever ce que j'avais commencé. Mais tant de gens me pressent tous les jours de le faire, que je ne sais ce qui en sera; et cette incertitude est cause que je ne mets point dans cette préface ce qu'on verra dans la Critique, en cas que je me résolve à la faire paraître. S'il faut que cela soit, je le dis encore, ce sera seulement pour venger le public du chagrin délicat de certaines gens; car, pour moi, je m'en tiens assez vengé par la réussite de ma comédie; et je souhaite que toutes celles que je pourrai faire soient traitées par eux comme celle-ci, pourvu que le reste suive de même.

PERSONNAGES.

ARNOLPHE, autrement M. de LA SOUCHE.
AGNÈS, fille d'Enrique élevée par Arnolphe.
HORACE, amant d'Agnès, et fils d'Oronte.
CHRYSALDE, ami d'Arnolphe.
ENRIQUE, beau frère de Chrysalde et père d'Agnès.
ORONTE, père d'Horace et grand ami d'Arnolphe.
ALAIN, paysan, valet d'Arnolphe.
GEORGETTE, paysanne, servante d'Arnolphe.
UN NOTAIRE.

La scène est dans une place de ville.

L'ÉCOLE DES FEMMES.

ACTE PREMIER.

SCÈNE PREMIÈRE.

CHRYSALDE, ARNOLPHE.

CHRYSALDE.
Vous venez, dites-vous, pour lui donner la main?
ARNOLPHE.
Oui. Je veux terminer la chose dans demain.
CHRYSALDE.
Nous sommes ici seuls, et l'on peut, ce me semble,
Sans craindre d'être ouïs, y discourir ensemble.
Voulez-vous qu'en ami je vous ouvre mon cœur?
Votre dessein pour vous me fait trembler de peur;
Et, de quelque façon que vous tourniez l'affaire,
Prendre femme est à vous un coup bien téméraire.
ARNOLPHE.
Il est vrai, mon ami. Peut-être que chez vous,
Vous trouvez des sujets de craindre pour chez nous;
Et votre front, je crois, veut que du mariage
Les cornes soient partout l'infaillible apanage.
CHRYSALDE.
Ce sont coups du hasard, dont on n'est point garant;
Et bien sot, ce me semble, est le soin qu'on en prend.
Mais quand je crains pour vous, c'est cette raillerie
Dont cent pauvres maris ont souffert la furie:
Car enfin vous savez qu'il n'est grands, ni petits,
Que de votre critique on ait vus garantis;
Que vos plus grands plaisirs sont, par tout où vous [êtes,
De faire cent éclats des intrigues secrètes....

ARNOLPHE.

Fort bien. Est-il au monde une autre ville aussi
Où l'on ait des maris si patients qu'ici?
Est-ce qu'on n'en voit pas de toutes les espèces,
Qui sont accommodés chez eux de toutes pièces?
L'un amasse du bien, dont sa femme fait part
A ceux qui prennent soin de le faire cornard : [fame,
L'autre un peu plus heureux, mais non pas moins in-
Voit faire tous les jours des présents à sa femme,
Et d'aucun soin jaloux n'a l'esprit combattu,
Parce qu'elle lui dit que c'est pour sa vertu.
L'un fait beaucoup de bruit qui ne lui sert de guères:
L'autre en toute douceur laisse aller les affaires,
Et, voyant arriver chez lui le damoiseau,
Prend fort honnêtement ses gants et son manteau.
L'une de son galant, en adroite femelle,
Fait fausse confidence à son époux fidèle,
Qui dort en sûreté sur un pareil appas,
Et le plaint, ce galant, des soins qu'il ne perd pas:
L'autre, pour se purger de sa magnificence,
Dit qu'elle gagne au jeu l'argent qu'elle dépense;
Et le mari benêt, sans songer à quel jeu,
Sur les gains qu'elle fait rend des grâces à Dieu.
Enfin, ce sont partout des sujets de satyre ;
Et, comme spectateur, ne puis-je pas en rire?
Puis-je pas de nos sots?...

CHRYSALDE.

Oui : mais qui rit d'autr
Doit craindre qu'en revanche on rie aussi de lui.
J'entends parler le monde ; et des gens se délassent
A venir débiter les choses qui se passent :
Mais, quoi que l'on divulgue aux endroits où je suis,
Jamais on ne m'a vu triompher de ces bruits.
J'y suis assez modeste : et bien qu'aux occurrences
Je puisse condamner certaines tolérances,
Que mon dessein ne soit de souffrir nullement
Ce que quelques maris souffrent paisiblement,
Pourtant je n'ai jamais affecté de le dire;
Car enfin il faut craindre un revers de satyre,

Et l'on ne doit jamais jurer sur de tel cas
De ce qu'on pourra faire, ou bien ne faire pas.
Ainsi, quand à mon front, par un sort qui tout mène,
Il serait arrivé quelque disgrace humaine,
Après mon procédé, je suis presque certain
Qu'on se contentera de s'en rire sous main :
Et peut-être qu'encor j'aurai cet avantage,
Que quelques bonnes gens diront que c'est dommage.
Mais de vous, cher compère, il en est autrement ;
Je vous le dis encor, vous risquez diablement.
Comme sur les maris accusés de souffrance
De tout temps votre langue a daubé d'importance,
Qu'on vous a vu contre eux un diable déchaîné,
Vous devez marcher droit pour n'être point berné ;
Et s'il faut que sur vous on ait la moindre prise,
Gare qu'aux carrefours on ne vous tympanise,
Et...

ARNOLPHE.

Mon Dieu ! mon ami, ne vous tourmentez point,
Bien huppé qui pourra m'attraper sur ce point.
Je sais les tours rusés et les subtiles trames
Dont pour nous en planter savent user les femmes ;
Et, comme on est dupé par leurs dextérités,
Contre cet accident j'ai pris mes sûretés ;
Et celle que j'épouse a toute l'innocence
Qui peut sauver mon front de maligne influence.

CHRYSALDE.

Et que prétendez-vous ? qu'une sotte en un mot...

ARNOLPHE.

Épouser une sotte est pour n'être point sot.
Je crois, en bon chrétien, votre moitié fort sage :
Mais une femme habile est un mauvais présage ;
Et je sais ce qu'il coûte à de certaines gens
Pour avoir pris les leurs avec trop de talents.
Moi, j'irais me charger d'une spirituelle
Qui ne parlerait rien que cercle et que ruelle ;
Qui de prose et de vers ferait de doux écrits,
Et que visiteraient marquis et beaux esprits,
Tandis que, sous le nom du mari de madame,
Je serais comme un saint que pas un ne réclame !

Non, non, je ne veux point d'un esprit qui soit haut
Et femme qui compose en sait plus qu'il ne faut.
Je prétends que la mienne, en clartés peu sublime,
Même ne sache pas ce que c'est qu'une rime;
Et s'il faut qu'avec elle on joue au corbillon,
Et qu'on vienne à lui dire à son tour. Qu'y met-on?
Je veux qu'elle réponde. Une tarte à la crème;
En un mot qu'elle soit d'une ignorance extrême :
Et c'est assez pour elle, à vous en bien parler,
De savoir prier Dieu, m'aimer, coudre, et filer.

CHRYSALDE.
Une femme stupide est donc votre marotte?

ARNOLPHE.
Tant, que j'aimerais mieux une laide bien sotte,
Qu'une femme fort belle avec beaucoup d'esprit.

CHRYSALDE.
L'esprit et la beauté...

ARNOLPHE.
L'honnêteté suffit.

CHRYSALDE.
Mais comment voulez-vous, après tout, qu'une bête
Puisse jamais savoir ce que c'est qu'être honnête?
Outre qu'il est assez ennuyeux, que je croi,
D'avoir toute sa vie une bête avec soi,
Pensez-vous le bien prendre, et que sur votre idée
La sûreté d'un front puisse être bien fondée?
Une femme d'esprit peut trahir son devoir,
Mais il faut, pour le moins, qu'elle ose le vouloir;
Et la stupide au sien peut manquer d'ordinaire
Sans en avoir l'envie et sans penser le faire.

ARNOLPHE.
A ce bel argument, à ce discours profond,
Ce que Pantagruel à Panurge répond :
Pressez-moi de me joindre à femme autre que sotte,
Prêchez, patrocinez jusqu'à la Pentecôte;
Vous serez ébahi quand vous serez au bout,
Que vous ne m'aurez rien persuadé du tout.

CHRYSALDE.
Je ne vous dis plus mot.

ACTE I, SCENE I.

ARNOLPHE.

Chacun sa méthode.
En femme, comme en tout, je veux suivre ma mode :
Je me vois riche assez pour pouvoir, que je croi,
Choisir une moitié qui tienne tout de moi,
Et de qui la soumise et pleine dépendance
N'ait à me reprocher aucun bien ni naissance.
Un air doux et posé, parmi d'autres enfants,
M'inspira de l'amour pour elle dès quatre ans;
Sa mère se trouvant de pauvreté pressée,
De la lui demander il me vint en pensée;
Et la bonne paysanne, apprenant mon desir,
A s'ôter cette charge eut beaucoup de plaisir.
Dans un petit couvent, loin de toute pratique;
Je la fis élever selon ma politique;
C'est à dire, ordonnant quels soins on emploierait
Pour la rendre idiote autant qu'il se pourrait.
Dieu merci, le succès a suivi mon attente;
Et grande, je l'ai vue à tel point innocente,
Que j'ai béni le ciel d'avoir trouvé mon fait,
Pour me faire une femme au gré de mon souhait.
Je l'ai donc retirée; et, comme ma demeure
A cent sortes de gens est ouverte à toute heure,
Je l'ai mise à l'écart, comme il faut tout prévoir,
Dans cette autre maison où nul ne me vient voir;
Et, pour ne pas gâter sa bonté naturelle,
Je n'y tiens que des gens tout aussi simples qu'elle.
Vous me direz, pourquoi cette narration?
C'est pour vous rendre instruit de ma précaution.
Le résultat de tout est qu'en ami fidèle
Ce soir je vous invite à souper avec elle;
Je veux que vous puissiez un peu l'examiner,
Et voir si de mon choix on doit me condamner.

CHRYSALDE.

J'y consens.

ARNOLPHE.

Vous pouvez, dans cette conférence,
Juger de la personne et de son innocence.

CHRYSALDE.
Pour cet article-là, ce que vous m'avez dit
Ne peut...

ARNOLPHE.
La vérité passe encor mon récit.
Dans ses simplicités à tous coups je l'admire,
Et parfois elle en dit dont je pâme de rire.
L'autre jour, pourrait-on se le persuader?
Elle était fort en peine, et vint me demander
Avec une innocence à nulle autre pareille,
Si les enfants qu'on fait se faisaient par l'oreille.

CHRYSALDE.
Je me réjouis fort seigneur Arnolphe....

ARNOLPHE.
Bon !
Me voulez-vous toujours appeler de ce nom !

CHRYSALDE.
Ah ! malgré que j'en aie, il me vient à la bouche;
Et jamais je ne songe à monsieur de La Souche.
Qui diable vous a fait aussi vous aviser,
A quarante-deux ans de vous débaptiser,
Et d'un vieux tronc pourri de votre métairie
Vous faire dans le monde un nom de seigneurie?

ARNOLPHE.
Outre que la maison par ce nom se connaît,
La Souche plus qu'Arnolphe à mes oreilles plaît.

CHRYSALDE.
Quel abus de quitter le vrai nom de ses pères,
Pour en vouloir prendre un bâti sur des chimères !
De la plupart des gens c'est la démangeaison,
Et, sans vous embrasser dans la comparaison,
Je sais un paysan qu'on appelait Gros Pierre,
Qui, n'ayant pour tout bien qu'un seul quartier de terre,
Y fit tout à l'entour faire un fossé bourbeux,
Et de monsieur de l'Isle en prit le nom pompeux.

ARNOLPHE.
Vous pourriez vous passer d'exemples de la sorte.
Mais enfin de La Souche est le nom que je porte:
J'y vois de la raison, j'y trouve des appas;
Et m'appeler de l'autre est ne m'obliger pas.

CHRYSALDE.
Cependant la plupart ont peine à s'y soumettre,
Et je vois même encor des adresses de lettre...
ARNOLPHE.
Je le souffre aisément de qui n'est pas instruit,
Mais vous...
CHRYSALDE.
Soit : là dessus nous n'aurons pas de bruit ;
Et je prendrai le soin d'accoutumer ma bouche
A ne vous plus nommer que monsieur de La Souche.
ARNOLPHE.
Adieu. Je frappe ici pour donner le bon jour,
Et dire seulement que je suis de retour.
CHRYSALDE, *à part, en s'en allant.*
Ma foi, je le tiens fou de toutes les manières.
ARNOLPHE, *seul.*
Il est un peu blessé de certaines matières.
Chose étrange que de voir comme, avec passion,
Un chacun est chaussé de son opinion !
(*Il frappe à sa porte.*)
Holà !

SCÈNE II.
ARNOLPHE, ALAIN, GEORGETTE,
dans la maison.

ALAIN.
Qui heurte ?
ARNOLPHE.
à part.
Ouvrez. On aura, que je pense,
Grande joie à me voir après dix jours d'absence.
ALAIN.
Qui va là ?
ARNOLPHE.
Moi.
ALAIN.
Georgette !
GEORGETTE.
Hé bien ?

ALAIN.

Ouvre là bas.

GEORGETTE.

Vas-y, toi.

ALAIN.

Vas-y toi.

GEORGETTE.

Ma foi, je n'irai pas.

ALAIN.

Je n'irai pas aussi.

ARNOLPHE.

Belle cérémonie,
Pour me laisser dehors! Holà! ho! je vous prie,

GEORGETTE.

Qui frappe?

ARNOLPHE.

Votre maître.

GEORGETTE.

Alain!

ALAIN.

Quoi?

GEORGETTE.

C'est monsieur,
Ouvre vite.

ALAIN.

Ouvre, toi.

GEORGETTE.

Je souffle notre feu.

ALAIN.

J'empêche, peur du chat, que mon moineau ne sorte.

ARNOLPHE.

Quiconque de vous deux n'ouvrira pas la porte,
N'aura point à manger plus de quatre jours.
Ah!

GEORGETTE.

Par quelle raison y venir, quand j'y cours?

ALAIN.

Pourquoi plutôt que moi? Le plaisant stratagème!

GEORGETTE.

Ote-toi donc de là.

ACTE I, SCENE II.

ALAIN.
Non, ôte-toi, toi-même.

GEORGETTE.
Je veux ouvrir la porte.

ALAIN.
Et je veux l'ouvrir, moi.

GEORGETTE.
Tu ne l'ouvriras pas.

ALAIN.
Ni toi non plus.

GEORGETTE.
Ni toi,

ARNOLPHE.
Il faut que j'aie ici l'ame bien patiente !

ALAIN, *en entrant.*
Au moins, c'est moi, monsieur.

GEORGETTE, *en entrant.*
Je suis votre servante ;
C'est moi.

ALAIN.
Sans le respect de Monsieur que voilà,
Je te....

ARNOLPHE, *recevant un coup d'Alain.*
Peste !

ALAIN.
Pardon.

ARNOLPHE.
Voyez ce lourdaud-là !

ALAIN.
C'est elle aussi, monsieur.

ARNOLPHE.
Que tous deux on se taise,
Songez à me répondre, et laissons la fadaise.
Hé bien ! Alain, comment se porte-t-on ici !

ALAIN.
Monsieur, nous nous..

(*Arnolphe ôte le chapeau de dessus la tête d'Alain.*)
Monsieur, nous nous por...

(*Arnolphe l'ôte encore.*)
Dieu merci,
Nous nous...

ARNOLHE, *ôtant le chapeau d'Alain pour la troisième fois, et le jetant par terre.*
Qui vous apprend, impertinente bête,
A parler devant moi le chapeau sur la tête?

ALAIN.
Vous faites bien, j'ai tort.

ARNOLPHE, *à Alain.*
Faites descendre Agnès.

SCENE III.

ARNOLPHE, GEORGETTE.

ARNOLPHE.
Lorsque je m'en allai, fut-elle triste après?

GEORGETTE.
Triste? Non.

ARNOLPHE.
Non!

GEORGETTE.
Si fait.

ARNOLPHE.
Pourquoi donc?...

GEORGETTE.
Oui, je meure,
Elle vous croyait voir de retour à toute heure;
Et nous n'oyions jamais passer devant chez nous
Cheval, âne, ou mulet, qu'elle ne prît pour vous.

SCENE IV.

ARNOLPHE, AGNÈS, ALAIN, GEORGETTE.

ARNOLPHE.
La besogne à la main! c'est un bon témoignage.
Hé bien! Agnès, je suis de retour du voyage;
En êtes-vous bien aise?

AGNÈS.
Oui, monsieur, dieu merci.

ARNOLPHE.
Et moi de vous revoir je suis bien aise aussi.
Vous vous êtes toujours, comme on voit, bien portée?

AGNÈS.
Hors les puces, qui m'ont la nuit inquiétée.
ARNOLPHE.
Ah ! vous aurez dans peu quelqu'un pour les chasser.
AGNÈS.
Vous me ferez plaisir.
ARNOLPHE.
Je le puis bien penser.
Que faites-vous donc là ?
AGNÈS.
Je me fais des cornettes.
Vos chemises de nuit et vos coiffes sont faites.
ARNOLPHE
Ah ! voilà qui va bien ! Allez, montez là-haut :
Ne vous ennuyez point je reviendrai tantôt,
Et je vous parlerai d'affaires importantes.

SCÈNE V.

ARNOLPHE, seul.

Héroïnes du temps, mes dames les savantes,
Pousseuses de tendresse et de beaux sentiments,
Je défie à la fois tous vos vers, vos romans,
Vos lettres, billets doux, toute votre science,
De valoir cette honnête et pudique ignorance.
Ce n'est point par le bien qu'il faut être ébloui ;
Et pourvu que l'honneur soit...

SCÈNE VI.

HORACE, ARNOLPHE,

ARNOLPHE.
Que vois-je ! Est-ce...? Oui.
Je me trompe. Nenni. Si fait. Non, c'est lui-même,
Hor...
HORACE.
Seigneur Ar...
ARNOLPHE.
Horace.
HORACE.
Arnolphe.

ARNOLPHE.
Ah! joie extrême!
Et depuis quand ici?

HORACE.
Depuis neuf jours.

ARNOLPHE.
Vraiment?

HORACE.
Je fus d'abord chez vous, mais inutilement.

ARNOLPHE.
J'étais à la campagne.

HORACE.
Oui, depuis dix journées.

ARNOLPHE.
Oh! comme les enfants croissent en peu d'années!
J'admire de le voir au point où le voilà,
Après que je l'ai vu pas plus grand que cela.

HORACE.
Vous voyez.

ARNOLPHE
Mais, de grace, Oronte votre père,
Mon bon et cher ami, que j'estime et révère,
Que fait-il à présent? Est-il toujours gaillard?
A tout ce qui le touche, il sait que je prends part :
Nous ne nous sommes vus depuis quatre ans ensemble,
Ni, qui plus est, écrit l'un à l'autre, me semble.

HORACE.
Il est, seigneur Arnolphe, encor plus gai que nous
Et j'avais de sa part une lettre pour vous;
Mais depuis, par une autre, il m'apprend sa venue,
Et la raison encor ne m'en est pas connue.
Savez-vous qui peut être un de vos citoyens,
Qui retourne en ces lieux avec beaucoup de biens,
Qu'il s'est en quatorze ans acquis dans l'Amérique?

ARNOLPHE.
Non. Vous a-t-on point dit comme on le nomme?

HORACE.
Enrique.

ARNOLPHE.
Non.

ACTE I, SCENE VI.

HORACE.
Mon père m'en parle, et qu'il est revenu,
Comme s'il devait m'être entièrement connu,
Et m'écrit qu'en chemin ensemble ils se vont mettre
Pour un fait important que ne dit point sa lettre.
(Horace remet la lettre d'Oronte à Arnolphe.)

ARNOLPHE.
J'aurai certainement grande joie à le voir,
Et pour le régaler je ferai mon pouvoir.
(Après avoir lu la lettre.)
Il faut pour des amis des lettres moins civiles,
Et tous ces compliments sont choses inutiles.
Sans qu'il prît le souci de m'en écrire rien,
Vous pouvez librement disposer de mon bien.

HORACE.
Je suis homme à saisir les gens par leurs paroles,
Et j'ai présentement besoin de cent pistoles.

ARNOLPHE.
Ma foi, c'est m'obliger que d'en user ainsi,
Et je me réjouis de les avoir ici.
Gardez aussi la bourse.

HORACE.
Il faut...

ARNOLPHE.
Laissons ce style.
Hé bien ! comment encor trouvez-vous cette ville ?

HORACE.
Nombreuse en citoyens, superbe en bâtiments ;
Et j'en crois merveilleux les divertissements.

ARNOLPHE.
Chacun a ses plaisirs qu'il se fait à sa guise :
Mais pour ceux que du nom de galants on baptise,
Ils ont en ce pays de quoi se contenter,
Car les femmes y sont faites à coqueter :
On trouve d'humeur douce et la brune et la blonde,
Et les maris aussi les plus bénins du monde ;
C'est un plaisir de prince, et des tours que je voi
Je me donne souvent la comédie à moi.
Peut-être en avez-vous déjà féru quelqu'une.
Vous est-il point encore arrivé de fortune ?

Les gens faits comme vous font plus que les écus,
Et vous êtes de taille à faire des cocus.

ΗΟRACE.

A ne vous rien cacher de la vérité pure,
J'ai d'amour en ces lieux eu certaine aventure,
Et l'amitié m'oblige à vous en faire part.

ARNOLPHE, à part.

Bon ! Voici de nouveau quelque conte gaillard ;
Et ce sera de quoi mettre sur mes tablettes.

HORACE.

Mais, de grâce, qu'au moins ces choses soient secrètes

ARNOLPHE.

Oh !

HORACE.

Vous n'ignorez pas qu'en ces occasions,
Un secret éventé rompt nos prétentions.
Je vous avoûrai donc avec pleine franchise
Qu'ici d'une beauté mon ame s'est éprise.
Mes petits soins d'abord on eu tant de succès,
Que je me suis chez elle ouvert un doux accès ;
Et, sans trop me vanter ni lui faire une injure,
Mes affaires y sont en fort bonne posture.

ARNOLPHE, en riant.

Et c'est ?

HORACE, lui montrant le logis d'Agnès.

Un jeune objet qui loge en ce logis
Dont vous voyez d'ici que les murs sont rougis ;
Simple, à la vérité, par l'erreur sans seconde
D'un homme qui la cache au commerce du monde ;
Mais qui, dans l'ignorance où l'on veut l'asservir,
Fait briller des attraits capables de ravir ;
Un air tout engageant, je ne sais quoi de tendre
Dont il n'est point de cœur qui se puisse défendre.
Mais peut-être il n'est pas que n'ayez bien vu
Ce jeune astre d'amour de tant d'attraits pourvu :
C'est Agnès qu'on l'appelle.

ARNOLPHE, à part.

Ah ! je crève !

ACTE I, SCÈNE VI.

HORACE.
Pour l'homme,
C'est, je crois, de la Zousse, ou Source, qu'on le nomme ;
Je ne me suis pas fort arrêté sur le nom :
Riche, à ce qu'on m'a dit, mais des plus sensés, non :
Et l'on m'en a parlé comme d'un ridicule.
Le connaissez-vous point ?

ARNOLPHE, à part.
La fâcheuse pilule !

HORACE.
Hé ! vous ne dites mot ?

ARNOLPHE.
Eh ! oui, je le connoi.

HORACE.
C'est un fou, n'est-ce pas ?

ARNOLPHE.
Hé...

HORACE.
Qu'en dites-vous ? Quoi !
Hé ! c'est à dire, oui ? Jaloux à faire rire ?
Sot ? Je vois qu'il en est ce que l'on m'a pu dire.
Enfin l'aimable Agnès a su m'assujettir.
C'est un joli bijou, pour ne vous point mentir ;
Et ce serait péché qu'une beauté si rare
Fût laissé au pouvoir de cet homme bizarre.
Pour moi, tous mes efforts, tous mes vœux les plus doux
Vont à m'en rendre maître en dépit du jaloux ;
Et l'argent que de vous j'emprunte avec franchise
N'est que pour mettre à bout cette juste entreprise.
Vous savez mieux que moi, quels que soient nos efforts,
Que l'argent est la clef de tous les grands ressorts,
Et que ce doux métal qui frappe tant de têtes,
En amour, comme en guerre, avance les conquêtes.
Vous me semblez chagrin ! Serait-ce qu'en effet
Vous désapprouveriez le dessein que j'ai fait ?

ARNOLPHE.
Non, c'est que je songeais...

HORACE.
Cet entretien vous lasse.
Adieu. J'irai chez vous tantôt vous rendre grace.

ARNOLPHE, *se croyant seul.*

Ah! faut-il...

HORACE, *revenant.*

Derechef, veuillez être discret;
Et n'allez pas, de grace, éventer mon secret.

ARNOLPHE, *se croyant seul.*

Que je sens dans mon ame!...

HORACE, *revenant.*

Et surtout à mon père,
Qui s'en ferait peut-être un sujet de colère.

ARNOLPHE, *croyant qu'Horace revient encore.*

Oh!...

SCENE VII.

ARNOLPHE, *seul.*

Oh! que j'ai souffert durant cet entretien!
Jamais trouble d'esprit ne fut égal au mien.
Avec quelle imprudence et quelle hâte extrême
Il m'est venu conter cette affaire à moi-même!
Bien que mon autre nom le tienne dans l'erreur,
Étourdi montra-t-il jamais tant de fureur?
Mais, ayant tant souffert, je devais me contraindre
Jusques à m'éclaircir de ce que je dois craindre,
A pousser jusqu'au bout son caquet indiscret,
Et savoir pleinement leur commerce secret.
Tâchons de le rejoindre; il n'est pas loin, je pense:
Tirons-en de ce fait l'entière confidence.
Je tremble du malheur qui m'en peut arriver,
Et l'on cherche souvent plus qu'on ne veut trouver.

FIN DU PREMIER ACTE.

ACTE II.

SCENE PREMIÈRE.

ARNOLPHE.

Il m'est, lorsque j'y pense, avantageux, sans doute,
D'avoir perdu mes pas, et pu marquer sa route :
Car enfin de mon cœur le trouble impérieux
N'eût pu se renfermer tout entier à ses yeux ;
Il eût fait éclater l'ennui qui me dévore,
Et je ne voudrais pas qu'il sût ce qu'il ignore.
Mais je ne suis pas homme à gober le morceau,
Et laisser un champ libre aux vœux d'un damoiseau.
J'en veux rompre le cours, et, sans tarder, apprendre
Jusqu'où l'intelligence entre eux a pu s'étendre :
J'y prends pour mon honneur un notable intérêt ;
Je la regarde en femme au termes qu'elle en est ;
Elle n'a pu faillir sans me couvrir de honte,
Et tout ce qu'elle a fait enfin est sur mon compte.
Éloignement fatal ! voyage malheureux !

(Il frappe à sa porte.)

SCENE II.

ARNOLPHE, ALAIN, GEORGETTE.

ALAIN.

Ah ! monsieur, cette fois...

ARNOLPHE.

          Paix. Venez çà, tous deux.
Passez là, passez là, Venez là, venez, dis-je.

GEORGETTE.

Ah ! vous me faites peur, et tout mon sang se fige.

ARNOLPHE.

C'est donc ainsi qu'absent vous m'avez obéi?
Et, tous deux de concert, vous m'avez donc trahi?

GEORGETTE, *tombant aux genoux d'Arnolphe.*
Hé! ne me mangez pas, monsieur, je vous conjure.
ALAIN, *à part.*
Quelque chien enragé l'a mordu, je m'assure.
ARNOLPHE, *à part.*
Ouf! je ne puis parler, tant je suis prévenu;
Je suffoque, et voudrais me pouvoir mettre nu,
(*à Alain et à Georgette.*)
Vous avez donc souffert, ô canaille maudite!
(*à Alain qui veut s'enfuir.*)
Qu'un homme soit venu?... Tu veux prendre la fuite
(*à Gorgette.*)
Il faut que sur le champ... Si tu bouges... Je veux
(*à Alain.*)
Que vous me disiez... Hé! oui, je veux que tous deux
(*Alain et Georgette se lèvent et veulent encore s'enfuir*)
Quiconque remûra, par la mort! je l'assomme.
Comme est-ce que chez moi s'est introduit cet homme
Hé! parlez. Dépêchez, vite, promptement, tôt,
Sans rêver. Veut-on dire?
ALAIN ET GEORGETTE.
Ah! Ah!
GEORGETTE, *retombant aux genoux d'Arnolphe.*
Le cœur me faut.
ALAIN, *retombant aux genoux d'Arnolphe.*
Je meurs.
ARNOLPHE, *à part.*
Je suis en eau : prenons un peu d'haleine;
Il faut que je m'évente et que je me promène.
Aurai-je deviné, quand je l'ai vu petit,
Qu'il croîtrait pour cela? Ciel! que mon cœur pâtit
Je pense qu'il vaut mieux que de sa propre bouche
Je tire avec douceur l'affaire qui me touche.
Tâchons à modérer notre ressentiment.
Patience, mon cœur, doucement, doucement.
(*à Alain et à Georgette.*
Levez-vous, et, rentrént, faites qu'Agnès descende.
(*à part.*)
Arrêtez. Sa surprise en deviendrait moins grande

Du chagrin qui me trouble ils iraient l'avertir,
Et moi-même je veux l'aller faire sortir.
 (à Alain et à Georgette.)
Que l'on m'attende ici.

SCENE III.
ALAIN, GEORGETTE.

GEORGETTE.

Mon Dieu! qu'il est terrible!
Ses regards m'ont fait peur, mais une peur horrible;
Et jamais je ne vis un plus hideux chrétien.

ALAIN.

Ce monsieur l'a fâché; je te le disais bien.

GEORGETTE.

Mais que diantre est-ce là, qu'avec tant de rudesse
Il nous fait au logis garder notre maîtresse?
D'où vient qu'à tout le monde il veut tant la cacher,
Et qu'il ne saurait voir personne en approcher?

ALAIN.

C'est que cette action le met en jalousie.

GEORGETTE.

Mais d'où vient qu'il est pris de cette fantaisie?

ALAIN.

Cela vient... Cela vient de ce qu'il est jaloux.

GEORGETTE.

Oui; mais pourquoi l'est-t-il? et pourquoi ce courroux?

ALAIN.

C'est que la jalousie... entends-tu bien Georgette?
Est une chose... là... qui fait qu'on s'inquiète...
Et qui chasse les gens d'autour d'une maison.
Je m'en vais te bailler une comparaison,
Afin de concevoir la chose davantage;
Dis-moi, n'est-il pas vrai, quand tu tiens ton potage,
Que, si quelque affamé venait pour en manger,
Tu serais en colère, et voudrais le charger?

GEORGETTE.

Oui, je comprends cela.

ALAIN.

C'est justement tout comme.
La femme est, en effet, le potage de l'homme;

Et quand un homme voit d'autres hommes parfois
Qui veulent dans sa soupe aller tremper leurs doigts,
Il en montre aussitôt une colère extrême.

GEORGETTE.

Oui ; mais pourquoi chacun n'en fait-il pas de même,
Et que nous en voyons qui paraissent joyeux,
Lorsque leurs femmes sont avec les biaux monsieux?

ALAIN.

C'est que chacun n'a pas cette amitié goulue,
Qui n'en veut que pour soi.

GEORGETTE.

     Si je n'ai la berlue,
Je le vois qui revient.

ALAIN.

    Tes yeux sont bons, c'est lui.

GEORGETTE.

Vois comme il est chagrin.

ALAIN.

    C'est qu'il a de l'ennui.

SCÈNE IV.
ARNOLPHE, ALAIN, GEORGETTE.

ARNOLPHE, *à part.*

Un certain Grec disait à l'empereur Auguste,
Comme une instruction utile autant que juste,
Que, lorsqu'une aventure en colère nous met,
Nous devons, avant tout, dire notre alphabet,
Afin que dans ce temps la bile se tempère,
Et qu'on ne fasse rien que l'on ne doive faire.
J'ai suivi sa leçon sur le sujet d'Agnès,
Et je la fais venir dans ce lieu tout exprès,
Sous prétexte d'y faire un tour de promenade,
Afin que les soupçons de mon esprit malade
Puissent sur le discours la mettre adroitement,
Et, lui sondant le cœur, s'éclaircir doucement.

SCÈNE V.
ARNOLPHE, AGNÈS, ALAIN, GEORGETTE.

ARNOLPHE.

Venez, Agnès.

(*à Alain et à Georgette.*)
Rentrez.

SCENE VI.
ARNOLPHE, AGNÈS.

ARNOLPHE.
La promenade est belle.
AGNÈS.
Fort belle.
ARNOLPHE.
Le beau jour !
AGNÈS.
Fort beau.
ARNOLPHE.
Quelle nouvelle ?
AGNÈS.
Le petit chat est mort.
ARNOLPHE.
C'est dommage ; mais quoi !
Nous sommes tous mortels, et chacun est pour soi.
Lorsque j'étais aux champs, n'a-t-il point fait de pluie ?
AGNÈS.
Non.
ARNOLPHE.
Vous ennuyait-il ?
AGNÈS.
Jamais je ne m'ennuie.
ARNOLPHE.
Qu'avez-vous fait encor ces neuf ou dix jours-ci ?
AGNÈS.
Six chemises, je pense, et six coiffes aussi.
ARNOLPHE, *après avoir un peu rêvé.*
Le monde, chère Agnès, est une étrange chose !
Voyez la médisance, et comme chacun cause !
Quelques voisins m'ont dit qu'un jeune homme inconnu
Était en mon absence à la maison venu ;
Que vous aviez souffert sa vue et ses harangues ;
Mais je n'ai point pris foi sur ces méchantes langues,
Et j'ai voulu gager que c'était faussement...

AGNÈS.

Mon Dieu ! ne gagez pas, vous perdriez vraiment.

ARNOLPHE.

Quoi ! c'est la vérité qu'un homme...?

AGNÈS.

Chose sûre.
Il n'a presque bougé de chez nous, je vous jure.

ARNOLPHE, *bas à part.*

Cet aveu qu'elle fait avec sincérité
Me marque pour le moins son ingénuité.
(*haut.*)
Mais il me semble, Agnès, si ma mémoire est bonne,
Que j'avais défendu que vous vissiez personne.

AGNÈS.

Oui : mais quand je l'ai vu, vous ignoriez pourquoi;
Et vous en auriez fait, sans doute, autant que moi.

ARNOLPHE.

Peut-être. Mais enfin contez-moi cette histoire.

AGNÈS.

Elle est fort étonnante et difficile à croire.
J'étais sur le balcon à travailler au frais,
Lorsque je vis passer sous les arbres d'auprès
Un jeune homme bien fait, qui, rencontrant ma vue
D'une humble révérence aussitôt me salue :
Moi, pour ne point manquer à la civilité,
Je fis la révérence aussi de mon côté.
Soudain il me refait une autre révérence;
Moi, j'en refais de même une autre en diligence;
Et lui d'une troisième aussitôt repartant,
D'une troisième aussi j'y repars à l'instant.
Il passe, vient, repasse, et toujours, de plus belle,
Me fait à chaque fois révérence nouvelle;
Et moi, qui tous ses tours fixement regardais,
Nouvelle révérence aussi je lui rendais:
Tant que, si sur ce point la nuit ne fût venue,
Toujours comme cela je me serais tenue,
Ne voulant point céder, ni recevoir l'ennui
Qu'il me pût estimer moins civile que lui.

ARNOLPHE.

Fort bien.

ACTE II, SCÈNE VI.

AGNÈS.

Le lendemain, étant sur notre porte,
Une vieille m'aborde en parlant de la sorte :
« Mon enfant, le bon Dieu puisse-t-il vous bénir,
« Et dans tous vos attraits longtemps vous maintenir !
« Il ne vous a pas faite une belle personne
« Afin de mal user des choses qu'il vous donne ;
« Et vous devez savoir que vous avez blessé
« Un cœur qui de s'en plaindre est aujourd'hui forcé. »

ARNOLPHE, à part.

Ah ! suppôt de Satan ! exécrable damnée !

AGNÈS.

Moi, j'ai blessé quelqu'un ! fis-je tout étonnée.
« Oui, dit-elle, blessé, mais blessé tout de bon ;
« Et c'est l'homme qu'hier vous vîtes du balcon. »
Hélas ! qui pourrait, dis-je, en avoir été cause ?
Sur lui, sans y penser, fis-je choir quelque chose ?
« Non, dit-elle, vos yeux ont fait ce coup fatal,
« Et c'est de leurs regards qu'est venu tout son mal. »
Hé ! mon Dieu ! ma surprise est, fis-je, sans seconde ;
Mes yeux ont-ils du mal pour en donner au monde ?
« Oui, fit-elle, vos yeux, pour causer le trépas,
« Ma fille, ont un venin que vous ne savez pas.
« En un mot, il languit le pauvre misérable ;
« Et, s'il faut, poursuivit la vieille charitable,
« Que votre cruauté lui refuse un secours,
« C'est un homme à porter en terre dans deux jours. »
Mon Dieu ! j'en aurais, dis-je, une douleur bien gran-
Mais pour le secourir qu'est-ce qu'il me demande?[de.
« Mon enfant, me dit-elle, il ne veut obtenir
« Que le bien de vous voir et vous entretenir ;
« Vos yeux peuvent eux seuls empêcher sa ruine,
« Et du mal qu'ils ont fait être la médecine. »
Hélas ! volontiers, dis-je ; et, puisqu'il est ainsi,
Il peut, tant qu'il voudra, me venir voir ici.

ARNOLPHE, à part.

Ah ! sorcière maudite, empoisonneuse d'âmes,
Puisse l'enfer payer tes charitables trames !

AGNÈS.

Voilà comme il me vit, et reçut guérison.
Vous-même, à votre avis, n'ai-je pas eu raison?
Et pouvais-je, après tout, avoir la conscience
De le laisser mourir, faute d'une assistance?
Moi qui compâtis tant aux gens qu'on fait souffrir,
Et ne puis, sans pleurer, voir un poulet mourir!

ARNOLPHE, *bas, à part.*

Tout cela n'est parti que d'une ame innocente;
Et j'en dois accuser mon absence imprudente,
Qui sans guide a laissé cette bonté de mœurs
Exposée aux aguets des rusés séducteurs.
Je crains que le pendard, dans ses vœux téméraires
Un peu plus fort que jeu ait poussé les affaires.

AGNÈS.

Qu'avez-vous? Vous grondez, ce me semble, un petit?
Est-ce que c'est mal fait ce que je vous ai dit?

ARNOLPHE.

Non. Mais de cette vue apprenez-moi les suites,
Et comme le jeune homme a passé ses visites.

AGNÈS.

Hélas! si vous saviez comme il était ravi,
Comme il perdit son mal sitôt que je le vi,
Le présent qu'il m'a fait d'une belle cassette,
Et l'argent qu'en ont eu notre Alain et Georgette,
Vous l'aimeriez sans doute, et diriez comme nous...

ARNOLPHE.

Oui, mais que faisait-il, étant seul avec vous?

AGNÈS.

Il disait qu'il m'aimait d'une amour sans seconde,
Et me disait des mots les plus gentils du monde,
Des choses que jamais rien ne peut égaler,
Et dont, toutes les fois que je l'entends parler,
La douceur me chatouille, et là-dedans remue
Certain je ne sais quoi dont je suis tout émue.

ARNOLPHE, *bas, à part.*

O fâcheux examen d'un mystère fatal,
Où l'examinateur souffre seul tout le mal!

ACTE II, SCÈNE VI.

(*haut.*)
Outre tous ces discours, toutes ces gentillesses,
Ne vous faisait-il point aussi quelques caresses?

AGNÈS.
Oh tant! il me prenait et les mains et les bras,
Et de me les baiser il n'était jamais las.

ARNOLPHE.
Ne vous a-t-il point pris, Agnès, quelque autre chose?
(*La voyant interdite.*)
Ouf!

AGNÈS.
Hé! il m'a....

ARNOLPHE.
Quoi?

AGNÈS.
Pris...

ARNOLPHE.
Hé!

AGNÈS.
Je...

ARNOLPHE.
Plaît-il?

AGNÈS.
Je n'ose,
Et vous vous fâcherez peut-être contre moi.

ARNOLPHE.
Non.

AGNÈS.
Si fait.

ARNOLPHE.
Mon Dieu! non.

AGNÈS.
Jurez donc votre foi.

ARNOLPHE.
Ma foi, soit.

AGNÈS.
Il m'a pris... Vous serez en colère.

ARNOLPHE.
Non.

AGNÈS.

Si.

ARNOLPHE.

Non, non, non, non. Diantre! que de mystère!
Qu'est-ce qu'il vous a pris?

AGNÈS.

Il...

ARNOLPHE, à part.

Je souffre en damné.

AGNÈS.

Il m'a pris le ruban que vous m'aviez donné.
A vous dire le vrai, je n'ai pu m'en défendre.

ARNOLPHE, reprenant haleine.

Passe pour le ruban. Mais je voulais apprendre
S'il ne vous a rien fait que vous baiser le bras.

AGNÈS.

Comment! est-ce qu'on fait d'autres choses?

ARNOLPHE.

Non pas.
Mais, pour guérir du mal qu'il dit qui le possède,
N'a-t-il pas exigé de vous d'autre remède?

AGNÈS.

Non. Vous pouvez juger s'il en eût demandé,
Que pour le secourir j'aurais tout accordé.

ARNOLPHE, bas, à part. [compte
Grace aux bontés du ciel, j'en suis quitte à bon
Si j'y retombe plus, je veux bien qu'on m'affronte.
(haut.)
Chut. De votre innocence, Agnès, c'est un effet;
Je ne vous en dis mot. Ce qui s'est fait est fait.
Je sais qu'en vous flattant le galant ne désire
Que de vous abuser, et puis après s'en rire.

AGNÈS.

Oh! point. Il me l'a dit plus de vingt fois à moi.

ARNOLPHE.

Ah! vous ne savez pas ce que c'est que sa foi.
Mais enfin apprenez qu'accepter des cassettes,
Et de ces beaux blondins écouter les sornettes;
Que se laisser par eux, à force de langueur,
Baiser ainsi les mains, et chatouiller le cœur,

Est un péché mortel des plus gros qu'il se fasse.
AGNÈS.
Un péché, dites-vous! Et la raison, de grace?
ARNOLPHE.
La raison? La raison est l'arrêt prononcé
Que par ces actions le ciel est courroucé.
AGNÈS.
Courroucé! Mais pourquoi faut-il qu'il s'en courrouce
C'est une chose, hélas! si plaisante et si douce.
J'admire quelle joie on goûte à tout cela;
Et je ne savais point encor ces choses là.
ARNOLPHE.
Oui, c'est un grand plaisir que toutes ces tendresses,
Ces propos si gentils et ces douces caresses;
Mais il faut le goûter en toute honnêteté,
Et qu'en se mariant le crime en soit ôté.
AGNÈS.
N'est-ce plus un péché, lorsque l'on se marie?
ARNOLPHE.
Non.
AGNÈS.
Mariez-moi donc promptement, je vous prie.
ARNOLPHE.
Si vous le souhaitez, je le souhaite aussi,
Et pour vous marier on me revoit ici.
AGNÈS.
Est-il possible?
ARNOLPHE.
Oui.
AGNÈS.
Que vous me ferez aise!
ARNOLPHE.
Oui, je ne doute point que l'hymen ne vous plaise.
AGNÈS.
Vous nous voulez nous deux...
ARNOLPHE.
Rien de plus assuré.
AGNÈS.
Que, si cela se fait, je vous caresserai!

ARNOLPHE.
Hé! la chose sera de ma part réciproque.
AGNÈS.
Je ne reconnais point, pour moi quand on se moque
Parlez-vous tout de bon?
ARNOLPHE.
Oui, vous le pourrez voir.
AGNÈS.
Nous serons mariés?
ARNOLPHE.
Oui.
AGNÈS.
Mais quand?
ARNOLPHE.
Dès ce soir.
AGNÈS, *riant.*
Dès ce soir?
ARNOLPHE.
Dès ce soir. Cela vous fait donc rire?
AGNÈS.
Oui.
ARNOLPHE.
Vous voir bien contente est ce que je désire.
AGNÈS.
Hélas! que je vous ai grande obligation,
Et qu'avec lui j'aurai de satisfaction!
ARNOLPHE.
Avec qui?
AGNÈS.
Avec... Là...
ARNOLPHE.
Là... Là n'est pas mon compte.
A choisir un mari vous êtes un peu prompte.
C'est un autre, en un mot, que je vous tiens tout prêt.
Et, quant au monsieur là, je prétends, s'il vous plaît,
Dût le mettre au tombeau le mal dont il vous berce,
Qu'avec lui désormais vous rompiez tout commerce;
Que, venant au logis, pour votre compliment,
Vous lui fermiez au nez la porte honnêtement;

Et, lui jetant, s'il heurte, un grès par la fenêtre,
L'obligiez tout de bon à ne plus y paraître.
M'entendez-vous, Agnès? Moi caché dans un coin,
De votre procédé je serai le témoin.

AGNÈS.

Las ! il est si bien fait ! C'est...

ARNOLPHE.

Ah ! que de langage !

AGNÈS.

Je n'aurai pas le cœur...

ARNOLPHE.

Point de bruit davantage.
Montez là-haut.

AGNÈS.

Mais quoi ! voulez-vous...

ARNOLPHE.

C'est assez.
Je suis maître, je parle ; allez, obéissez.

FIN DU SECOND ACTE.

ACTE TROISIÈME.

SCÈNE PREMIÈRE.

ARNOLPHE, AGNÈS, ALAIN, GEORGETTE.

ARNOLPHE.

Oui, tout a bien été, ma joie est sans pareille :
Vous avez là suivi mes ordres à merveille,
Confondu de tout point le blondin séducteur;
Et voilà de quoi sert un sage directeur.
Votre innocence, Agnès, avait été surprise :
Voyez, sans y penser où vous vous étiez mise.
Vous enfiliez tout droit sans mon instruction,
Le grand chemin d'enfer et de perdition.
De tous ces damoiseaux on sait trop les coutumes :
Ils ont des beaux canons, force rubans et plumes,
Grands cheveux, belles dents, et des propos fort doux;
Mais, comme je vous dis, la griffe est là-dessous;
Et ce sont vrais satans, dont la gueule altérée
De l'honneur féminin cherche à faire curée.
Mais, encore une fois, grace au soin apporté,
Vous en êtes sortie avec honnêteté.
L'air dont je vous ai vu lui jeter cette pierre,
Qui de tous ses desseins a mis l'espoir par terre,
Me confirme encor mieux à ne point différer
Les noces où je dis qu'il vous faut préparer.
Mais, avant toute chose, il est bon de vous faire
Quelque petit discours qui vous soit salutaire.
       (*à Georgette et à Alain.*)
Un siége au frais ici. Vous, si jamais en rien...

GEORGETTE.

De toutes vos leçons nous nous souviendrons bien.
Cet autre monsieur-là nous en faisait accroire :
Mais...

ALAIN.

S'il entre jamais, je veux jamais ne boire.
Aussi bien est-ce un sot; il nous à l'autre fois
Donné deux écus d'or qui n'étaient pas de poids.

ARNOLPHE.

Ayez donc pour souper tout ce que je désire ;
Et pour notre contrat comme je viens dire,
Faites venir ici, l'un ou l'autre, au retour,
Le notaire qui loge au coin du carrefour.

SCENE II.

ARNOLPHE, AGNÈS.

ARNOLPHE, *assis*.

Agnès, pour m'écouter, laissez là votre ouvrage :
Levez un peu la tête, et tournez le visage :
(*mettant le doigt sur son front.*)
Là, regardez-moi là durant cet entretien ;
Et, jusqu'au moindre mot, imprimez-le-vous bien.
Je vous épouse, Agnès ; et, cent fois la journée,
Vous devez bénir l'heur de votre destinée,
Contempler la bassesse où vous avez été,
Et dans le même temps admirer ma bonté,
Qui, de ce vil état de pauvre villageoise
Vous, fait monter au rang d'honorable bourgeoise,
Et jouir de la couche et des embrassements
D'un homme qui fuyait tous ces engagements,
Et dont à vingt partis, fort capables de plaire,
Le cœur a refusé l'honneur qu'il vous veut faire.
Vous devez toujours, dis-je, avoir devant les yeux
Le peu que vous étiez sans ce nœud glorieux,
Enfin que cet objet d'autant mieux vous instruise
A mériter l'état où je vous aurai mise,
A toujours vous connaître, et faire qu'à jamais
Je puisse me louer de l'acte que je fais.
Le mariage, Agnès, n'est pas un badinage :
A d'austères devoirs le rang de femme engage ;
Et vous n'y montez pas, à ce que je prétends,
Pour être libertine et prendre du bon temps.

Votre sexe n'est là que pour la dépendance :
Du côté de la barbe est la toute puissance.
Bien qu'on soit deux moitiés de la société,
Ces deux moitiés pourtant n'ont point d'égalité :
L'une est moitié suprême, et l'autre subalterne;
L'une en tout est soumise à l'autre qui gouverne;
Et ce que le soldat dans son devoir instruit,
Montre d'obéissance au chef qui le conduit,
Le valet à son maître, un enfant à son père,
A son supérieur le moindre petit frère,
N'approche point encor de la docilité,
Et de l'obéissance, et de l'humilité,
Et du profond respect où la femme doit être
Pour son mari, son chef, son seigneur et son maître.
Lorsqu'il jette sur elle un regard sérieux,
Son devoir aussitôt est de baisser les yeux,
Et de n'oser jamais le regarder en face,
Que quand d'un doux regard il lui veut faire grace.
C'est ce qu'entendent mal les femmes d'aujourd'hui :
Mais ne vous gâtez pas sur l'exemple d'autrui.
Gardez-vous d'imiter ces coquettes vilaines
Dont par toute la ville on chante les fredaines.
Et de vous laisser prendre aux assauts du malin,
C'est à dire d'ouïr aucun jeune blondin.
Songez qu'en vous faisant moitié de ma personne,
C'est mon honneur, Agnès, que je vous abandonne;
Que cet honneur est tendre, et se blesse de peu;
Que sur un tel sujet il ne faut point de jeu;
Et qu'il est aux enfers des chaudières bouillantes
Où l'on plonge à jamais les femmes mal vivantes.
Ce que je vous dis là ne sont pas des chansons ;
Et vous devez du cœur dévorer ses leçons.
Si votre ame les suit, et fuit d'être coquète,
Elle sera toujours, comme un lys, blanche et nette :
Mais s'il faut qu'à l'honneur elle fasse un faux bond,
Elle deviendra lors noire comme un charbon;
Vous paraîtrez à tous un objet effroyable,
Et vous irez un jour, vrai partage du diable,
Bouillir dans les enfers à toute éternité,
Dont vous veuille garder la céleste bonté !

ACTE III, SCÈNE II.

Faites la réverence. Ainsi qu'une novice
Par cœur dans le couvent doit savoir son office,
Entrant au mariage il en faut faire autant ;
Et voici dans ma poche un écrit important,
Qui vous enseignera l'office de la femme.
J'en ignore l'auteur ; mais c'est quelque bonne ame,
Et je veux que ce soit votre unique entretien.
(il se lève.)
Tenez. Voyons un peu si vous le lirez bien.

AGNÈS, *lit.*

LES MAXIMES DU MARIAGE,

OU

LES DEVOIRS DE LA FEMME MARIÉE ;

avec son exercice journalier.

PREMIÈRE MAXIME.

Celle qu'un lien honnête
Fait entrer au lit d'autrui,
Doit se mettre dans la tête,
Malgré le train d'aujourd'hui,
Que l'homme qui la prend ne la prend que pour lui.

ARNOLPHE.

Je vous expliquerai ce que cela veut dire ;
Mais pour l'heure présente il ne faut rien que lire.

AGNÈS, *poursuit.*

DEUXIÈME MAXIME.

Elle ne doit se parer
Qu'autant que peut désirer
Le mari qui la possède :
C'est lui que touche seul le soin de sa beauté ;
Et pour rien doit être compté
Que les autres la trouvent laide.

TROISIÈME MAXIME.

Loin ces études d'œillades,
Ces eaux, ces blancs, ces pommades,

Et mille ingrédients qui font des teints fleuris :
A l'honneur, tous les jours, ce sont drogues mortelles;
    Et les soins de paraître belles
    Se prennent peu pour les maris.

QUATRIÈME MAXIME.

Sous sa coiffe en sortant, comme l'honneur l'ordonne,
Il faut que de ses yeux elle étouffe les coups :
    Car, pour bien plaire à son époux,
    Elle ne doit plaire à personne.

CINQUIÈME MAXIME.

Hors ceux dont au mari la visite se rend,
    La bonne règle défend
    De recevoir aucune ame :
    Ceux qui de galante humeur
    N'ont affaire qu'à madame,
    N'accommodent pas monsieur.

SIXIÈME MAXIME.

    Il faut des présents des hommes
    Qu'elle se défende bien :
    Car, dans le siècle où nous sommes,
    On ne donne rien pour rien.

SEPTIÈME MAXIME.

Dans ses meubles, dût-elle en avoir de l'ennui,
Il ne faut écritoire, encre, papier, ni plumes :
    Le mari doit, dans les bonnes coutumes,
    Ecrire tout ce qui s'écrit chez lui.

HUITIÈME MAXIME.

    Ces sociétés déréglées,
    Qu'on nomme belles assemblées,
Des femmes tous les jours corrompent les esprits :
En bonne politique on les doit interdire ;
    Car c'est là que l'on conspire
    Contre les pauvres maris.

NEUVIÈME MAXIME.

Toute femme qui veut à l'honneur se vouer
    Doit se défendre de jouer ;

Comme d'une chose funeste :
　Car le jeu, fort décevant,
　Pousse une femme souvent
　A jouer de tout son reste.

DIXIÈME MAXIME.

Des promenades du temps,
Ou repas qu'on donne aux champs,
Il ne faut point qu'elle essaie.
Selon les prudents cerveaux,
Le mari dans ses cadeaux
Est toujours celui qui paie.

ONZIÈME MAXIME.

. . . .

ARNOLPHE.

Vous achèverez seule ; et, pas à pas, tantôt
Je vous expliquerai ces choses comme il faut.
Je me suis souvenu d'une petite affaire :
Je n'ai qu'un mot à dire, et ne tarderai guère.
Rentrez ; et conservez ce livre chèrement.
Si le notaire vient, qu'il m'attende un moment.

SCENE III.

ARNOLPHE, seul.

Je ne puis faire mieux que d'en faire ma femme.
Ainsi que je voudrai, je tournerai cette ame ;
Comme un morceau de cire entre mes mains elle est,
Et je lui puis donner la forme qu'il me plaît.
Il s'en est peu fallu que, durant mon absence,
On ne m'ait attrapé par son trop d'innocence ;
Mais il vaut beaucoup mieux, à dire vérité,
Que la femme qu'on a pèche de ce côté.
De ces sortes d'erreurs le remède est facile.
Toute personne simple aux leçons est docile ;
Et, si du bon chemin on la fait écarter,
Deux mots incontinent l'y peuvent rejeter.
Mais une femme habile est bien une autre bête :
Notre sort ne dépend que de sa seule tête,
De ce qu'elle s'y met rien ne la fait gauchir,
Et nos enseignements ne font là que blanchir :

Son bel esprit lui sert à railler nos maximes,
A se faire souvent des vertus de ses crimes,
Et trouver, pour venir à ses coupables fins,
Des détours à duper l'adresse des plus fins.
Pour se parer du coup en vain on se fatigue :
Une femme d'esprit est un diable en intrigue ;
Et, dès que son caprice a prononcé tout bas
L'arrêt de notre honneur, il faut passer le pas :
Beaucoup d'honnêtes gens en pourraient bien que dire,
Enfin mon étourdi n'aura pas lieu d'en rire :
Par son trop de caquet, il a ce qu'il lui faut.
Voilà de nos Français l'ordinaire défaut :
Dans la possession d'une bonne fortune,
Le secret est toujours ce qui les importune ;
Et la vanité sotte a pour eux tant d'appas,
Qu'ils se pendraient plutôt que de ne causer pas.
Oh ! que les femmes sont du diable bien tentées
Lorsqu'elles vont choisir ces têtes éventées !
Et que... Mais le voici. Cachons-nous toujours bien,
Et découvrons un peu quel chagrin est le sien.

SCENE IV.

HORACE, ARNOLPHE.

HORACE.

Je reviens de chez vous, et le destin me montre
Qu'il n'a pas résolu que je vous y rencontre.
Mais j'irai tant de fois, qu'enfin quelque moment...

ARNOLPHE.

Hé ! mon Dieu ! n'entrons point dans ce vain compli-
Rien ne me fâche tant que ces cérémonies.   [ment :
Et, si l'on m'en croyait, elles seraient bannies,
C'est un maudit usage ; et la plupart des gens
Y perdent sottement les deux tiers de leur temps.

(Il se couvre.)

Mettons donc sans façon. Hé bien ! vos amourettes ?
Puis-je, seigneur Horace, apprendre où en vous êtes ?
J'étais tantôt distrait par quelque vision ;
Mais depuis là-dessus j'ai fait réflexion.
De vos premiers progrès j'admire la vitesse,
Et dans l'évènement mon ame s'intéresse.

ACTE III, SCENE IV.

HORACE.
Ma foi, depuis qu'à vous s'est découvert mon cœur,
Il est à mon amour arrivé du malheur.

ARNOLPHE.
Oh! oh! comment cela?

HORACE.
La fortune cruelle
A ramené des champs le patron de la belle.

ARNOLPHE.
Quel malheur!

HORACE.
Et de plus, à mon très grand regret,
Il a su de nous deux le commerce secret.

ARNOLPHE.
D'où diantre a-t-il sitôt appris cette aventure?

HORACE.
Je ne sais; mais enfin c'est une chose sure.
Je pensais aller rendre, à mon heure à peu près,
Ma petite visite à ses jeunes attraits,
Lorsque, changeant pour moi de ton et de visage,
Et servante et valet m'ont bouché le passage,
Et d'un *Retirez-vous, vous nous importunez*,
M'ont assez rudement fermé la porte au nez.

ARNOLPHE.
La porte au nez!

HORACE.
Au nez.

ARNOLPHE.
La chose est un peu forte.

HORACE.
J'ai voulu leur parler au travers de la porte;
Mais à tous mes propos ce qu'ils ont répondu,
C'est *Vous n'entrerez point; monsieur l'a défendu*.

ARNOLPHE.
Ils n'ont donc point ouvert?

HORACE.
Non. Et de la fenêtre
Agnès m'a confirmé le retour de ce maître,
En me chassant de là plein d'un ton de fierté,
Accompagné d'un grès que sa main a jeté.

ARNOLPHE.

Comment ! d'un grès !

HORACE.

D'un grès de taille non petite,
Dont on a par ses mains régalé ma visite.

ARNOLPHE.

Diantre ! ce ne sont pas des prunes que cela !
Et je trouve fâcheux l'état où vous voilà.

HORACE.

Il est vrai, je suis mal par ce retour funeste.

ARNOLPHE.

Certes, j'en suis fâché pour vous, je vous proteste.

HORACE.

Cet homme me rompt tout.

ARNOLPHE.

Oui ; mais cela n'est rien,
Et de vous raccrocher vous trouverez moyen.

HORACE.

Il faut bien essayer par quelque intelligence,
De vaincre du jaloux l'exacte vigilance.

ARNOLPHE.

Cela vous est facile ; et la fille, après tout,
Vous aime.

HORACE.

Assurément.

ARNOLPHE.

Vous en viendrez à bout.

HORACE.

Je l'espère.

ARNOLPHE.

Le grès vous a mis en déroute ;
Mais cela ne doit pas vous étonner.

HORACE.

Sans doute ;
Et j'ai compris d'abord que mon homme était là,
Qui, sans se faire voir, conduisait tout cela.
Mais ce qui m'a surpris, et qui va vous surprendre,
C'est un autre incident que vous allez entendre ;
Un trait hardi qu'a fait cette jeune beauté,
Et qu'on n'attendrait point de sa simplicité.

ACTE III, SCÈNE IV.

Il le faut avouer, l'amour est un grand maître :
Ce qu'on ne fut jamais il nous enseigne à l'être ;
Et souvent de nos mœurs l'absolu changement
Devient par ses leçons l'ouvrage d'un moment.
De la nature en nous il force les obstacles,
Et ses effets soudains ont de l'air des miracles.
D'un avare à l'instant il fait un liberal,
Un vaillant d'un poltron, un civil d'un brutal ;
Il rend agile à tout l'ame la plus pesante,
Et donne de l'esprit à la plus innocente.
Oui, ce dernier miracle éclate dans Agnès ;
Car tranchant avec moi par ces termes exprès :
« Retirez-vous, mon ame aux visites renonce,
« Je sais tous vos discours ; et voilà ma réponse : »
Cette pierre ou ce grès dont vous vous étonniez
Avec un mot de lettre est tombée à mes pieds :
Et j'admire de voir cette lettre ajustée
Avec le sens des mots, et la pierre jetée.
D'une telle action n'êtes-vous pas surpris ?
L'amour sait-il pas l'art d'aiguiser les esprits ?
Et peut-on me nier que ses flammes puissantes
Ne fassent dans un cœur des choses étonnantes ?
Que dites-vous du tour et de ce mot d'écrit ?
Euh ! n'admirez-vous point cette adresse d'esprit ?
Trouvez-vous pas plaisant de voir quel personnage
A joué mon jaloux dans tous ce badinage ?
Dites.

ARNOLPHE.

Oui, fort plaisant.

HORACE.

Riez-en donc un peu.
(*Arnolphe rit d'un air forcé.*)
Cet homme gendarmé d'abord contre mon feu,
Qui chez lui se retranche, et de grès fait parade,
Comme si j'y voulais entrer par escalade ;
Qui, pour me repousser, dans son bizarre effroi,
Anime du dedans tous ses gens contre moi ;
Et qu'abuse à ses yeux, par sa machine même,
Celle qu'il veut tenir dans l'ignorance extrême !

Pour moi, je vous l'avoue, encor que son retour
En un grand embarras jette ici mon amour,
Je tiens cela plaisant, autant qu'on saurait dire :
Je ne puis y songer sans de bon cœur en rire,
Et vous n'en riez pas assez, à mon avis.

ARNOLPHE, *avec un ris forcé.*

Pardonnez-moi, j'en ris tout autant que je puis.

HORACE.

Mais il faut qu'en ami je vous montre sa lettre.
Tout ce que son cœur sent, sa main a su l'y mettre ;
Mais en termes touchants et tout pleins de bonté,
De tendresse innocente et d'ingénuité,
De la manière enfin que la pure nature
Exprime de l'amour la première blessure.

ARNOLPHE, *bas, à part.*

Voilà, friponne, à quoi l'écriture te sert ;
Et, contre mon dessein, l'art t'en fut découvert.

HORACE.

« Je veux vous écrire, et je suis bien en peine par
« où je m'y prendrai. J'ai des pensées que je désire-
« rais que vous sussiez, mais je ne sais comment faire
« pour vous les dire, et je me défie de mes paroles.
« Comme je commence à connaître qu'on m'a tou-
« jours tenue dans l'ignorance, j'ai peur de mettre
« quelque chose qui ne soit pas bien, et d'en dire
« plus que je ne devrais. En vérité, je ne sais ce que
« vous m'avez fait, mais je sens que je suis fâchée à
« mourir de ce qu'on me fait faire contre vous, que
« j'aurai toutes les peines du monde à me passer de
« vous, et que je serais bien aise d'être à vous. Peut-
« être qu'il y a du mal à dire cela ; mais enfin je ne
« puis m'empêcher de le dire, et je voudrais que cela
« se pût faire sans qu'il y en eût. On me dit fort que
« tous les jeunes hommes sont des trompeurs, qu'il
« ne les faut point écouter, et que tout ce que vous
« me dites n'est que pour m'abuser ; mais je vous as-
« sure que je n'ai pu encore me figurer cela de vous ;
« et je suis si touchée de vos paroles, que je ne sau-
« rais croire qu'elles soient menteuses. Dites-moi
« franchement ce qui en est ; car enfin, comme je suis

« sans malice, vous auriez le plus grand tort du
« monde, si vous me trompiez; et je pense que j'en
« mourrais de déplaisir. »

ARNOLPHE, *à part.*

Hon! chienne!

HORACE.

Qu'avez-vous?

ARNOLPHE.

Moi, rien, c'est que je tousse.

HORACE.

Avez-vous jamais vu d'expression plus douce?
Malgré les soins maudits d'un injuste pouvoir,
Un plus beau naturel se peut-il faire voir?
Et n'est-ce pas sans doute un crime punissable
De gâter méchamment ce fonds d'ame admirable,
D'avoir, dans l'ignorance et la stupidité,
Voulu de cet esprit étouffer la clarté?
L'amour a commencé d'en déchirer le voile;
Et si, par la faveur de quelque bonne étoile,
Je puis, comme j'espère, à ce franc animal,
Ce traître, ce bourreau, ce faquin, ce brutal...

ARNOLPHE.

Adieu.

HORACE.

Comment! si vite?

ARNOLPHE.

Il m'est dans la pensée
Venu tout maintenant une affaire pressée.

HORACE.

Mais ne sauriez-vous point, comme on la tient de près
Qui dans cette maison pourrait avoir accès?
J'en use sans scrupule; et ce n'est pas merveille
Qu'on se puisse, entre amis, servir à la pareille.
Je n'ai plus là dedans que gens pour m'observer;
Et servante et valet, que je viens de trouver,
N'ont jamais, de quelque air que je m'y sois pu prendre,
Adouci leur rudesse à me vouloir entendre.
J'avais pour de tels coups certaine vieille en main,
D'un génie, à vrai dire, au-dessus de l'humain :
Elle m'a dans l'abord servi de bonne sorte;
Mais, depuis quatre jours, la pauvre femme est morte.

Ne me pourriez-vous point ouvrir quelque moyen?
ARNOLPHE.
Non, vraiment; et sans moi vous en trouverez bien.
HORACE.
Adieu donc. Vous voyez ce que je vous confie.

SCENE V.
ARNOLPHE, seul.

Comme il faut devant lui que je me mortifie!
Quelle peine à cacher mon déplaisir cuisant!
Quoi! pour une innocente un esprit si présent!
Elle a feint d'être telle à mes yeux, la traîtresse,
Ou le diable à son ame a soufflé cette adresse.
Enfin me voilà mort par ce funeste écrit.
Je vois qu'il a, le traître, empaumé son esprit,
Qu'à ma suppression il s'est ancré chez elle;
Et c'est mon désespoir et ma peine mortelle.
Je souffre doublement dans le vol de son cœur;
Et l'amour y pâtit aussi bien que l'honneur.
J'enrage de trouver cette place usurpée,
Et j'enrage de voir ma prudence trompée.
Je sais que, pour punir son amour libertin,
Je n'ai qu'à laisser faire à son mauvais destin,
Que je serai vengé d'elle par elle-même;
Mais il est bien fâcheux de perdre ce qu'on aime.
Ciel! puisque pour un choix j'ai tant philosophé,
Faut-il de ses appas m'être si fort coiffé!
Elle n'a ni parents, ni support, ni richesse;
Elle trahit mes soins, mes bontés, ma tendresse;
Et cependant je l'aime, après ce lâche tour,
Jusqu'à ne me pouvoir passer de cet amour.
Sot, n'as-tu point de honte? Ah! je crève, j'enrage,
Et je souffletterais mille fois mon visage.
Je veux entrer un peu, mais seulement pour voir
Quelle est sa contenance après un trait si noir.
Ciel, faites que mon front soit exempt de disgrace;
Ou bien, s'il est écrit qu'il faille que j'y passe,
Donnez-moi tout au moins, pour de tels accidents,
La constance qu'on voit à de certaines gens!

FIN DU TROISIÈME ACTE.

ACTE IV.

SCÈNE PREMIÈRE.

ARNOLPHE.

J'ai peine, je l'avoue, à demeurer en place,
Et de mille soucis mon esprit s'embarrasse,
Pour pouvoir mettre un ordre et dedans et dehors,
Qui du godelureau rompe tous les efforts.
De quel œil la traîtresse a soutenu ma vue !
De tout ce qu'elle a fait elle n'est point émue ;
Et, bien qu'elle me mette à deux doigts du trépas,
On dirait, à la voir, qu'elle n'y touche pas.
Plus, en la regardant, je la voyais tranquille,
Plus je sentais en moi s'échauffer une bile ;
Et ces bouillants transports dont s'enflammait mon [cœur,
Y semblaient redoubler mon amoureuse ardeur.
J'étais aigri, fâché, désespéré contre elle ;
Et cependant jamais je ne la vis si belle,
Jamais ses yeux aux miens n'ont paru si perçants,
Jamais je n'eus pour eux des désirs si pressants ;
Et je sens là-dedans qu'il faudra que je crève,
Si de mon triste sort la disgrâce s'achève.
Quoi ! j'aurai dirigé son éducation
Avec tant de tendresse et de précaution ;
Je l'aurai fait passer chez moi dès son enfance,
Et j'en aurai chéri la plus tendre espérance,
Mon cœur aura bâti sur ses attraits naissants,
Et cru la mitonner pour moi durant treize ans,
Afin qu'un jeune fou dont elle s'amourache
Me la vienne enlever jusque sur la moustache,
Lorsqu'elle est avec moi mariée à demi !
Non, parbleu ! non, parbleu ! Petit sot, mon ami,
Vous aurez beau tourner, ou j'y perdrai mes peines,
Ou je rendrai, ma foi, vos espérances vaines

Et de moi tout à fait vous ne vous rirez point.

SCENE II.
UN NOTAIRE, ARNOLPHE.

LE NOTAIRE.
Ah ! le voilà ! Bon jour. Me voici tout à point
Pour dresser le contrat que vous souhaitez faire.

ARNOLPHE, *se croyant seul, et sans voir ni entendre le notaire.*
Comment faire ?

LE NOTAIRE.
Il le faut dans la forme ordinaire.

ARNOLPHE, *se croyant seul.*
A mes précautions je veux songer de près.

LE NOTAIRE.
Je ne passerai rien contre vos intérêts.

ARNOLPHE, *se croyant seul.*
Il se faut garantir de toutes les surprises.

LE NOTAIRE.
Suffit qu'entre mes mains vos affaires soient mises.
Il ne vous faudra point, de peur d'être déçu,
Quittancer le contrat que vous n'ayez reçu.

ARNOLPHE, *se croyant seul.*
J'ai peur, si je vais faire éclater quelque chose,
Que de cet incident par la ville on ne cause.

LE NOTAIRE.
Hé bien ! il est aisé d'empêcher cet éclat,
Et l'on peut en secret faire votre contrat.

ARNOLPHE, *se croyant seul.*
Mais comment faudra-t-il qu'avec elle j'en sorte ?

LE NOTAIRE.
Le douaire se règle au bien qu'on vous apporte.

ARNOLPHE, *se croyant seul.*
Je l'aime, et cet amour est mon grand embarras.

LE NOTAIRE.
On peut avantager une femme en ce cas.

ARNOLPHE, *se croyant seul.*
Quel traitement lui faire en pareille aventure ?

ACTE IV, SCENE II.

LE NOTAIRE.

L'ordre est que le futur doit douer la future
Du tiers de dot qu'elle a ; mais cet ordre n'est rien,
Et l'on va plus avant lorsque l'on le veut bien.

ARNOLPHE, *se croyant seul.*

Si...

(*Il aperçoit le notaire.*)

LE NOTAIRE.

Pour le préciput, il les regarde ensemble.
Je dis que le futur peut, comme bon lui semble,
Douer la future.

ARNOLPHE.

Hé !

LE NOTAIRE.

Il peut l'avantager
Lorsqu'il l'aime beaucoup et qu'il veut l'obliger ;
Et cela par douaire, ou préfix qu'on appelle,
Qui demeure perdu par le trépas d'icelle ;
Ou sans retour, qui va de ladite à ses hoirs ;
Ou coutumier, selon les différents vouloirs ;
Ou par donation dans le contrat formelle,
Qu'on fait ou pure ou simple, ou qu'on fait mutuelle.
Pourquoi hausser le dos ? Est-ce qu'on parle en fat,
Et que l'on ne sait pas les formes d'un contrat ?
Qui me les apprendra ? Personne, je présume.
Sais-je pas qu'étant joints on est par la coutume
Communs en meubles, biens, immeubles et conquêts,
A moins que par un acte on n'y renonce exprès ?
Sais-je pas que le tiers du bien de la future
Entre en communauté pour ?...

ARNOLPHE.

Oui, c'est chose sûre,
Vous savez tout cela : mais qui vous en dit mot ?

LE NOTAIRE.

Vous, qui me prétendez faire passer pour sot,
En me haussant l'epaule et faisant la grimace.

ARNOLPHE.

La peste soit de l'homme, et sa chienne de face !
Adieu. C'est le moyen de vous faire finir.

LE NOTAIRE.
Pour dresser un contrat m'a-t-on pas fait venir?
ARNOLPHE.
Oui, je vous ai mandé : mais la chose est remise,
Et l'on vous mandera quand l'heure sera prise.
Voyez quel diable d'homme avec son entretien!
LE NOTAIRE, *seul.*
Je pense qu'il en tient ; et je crois penser bien.

SCÈNE III.

LE NOTAIRE, ALAIN, GEORGETTE.

LE NOTAIRE, *allant au devant d'Alain et de Georgette.*
M'êtes-vous pas venus quérir pour votre maître?
ALAIN.
Oui.
LE NOTAIRE.
J'ignore pour qui, vous le pouvez connaître.
Mais allez de ma part lui dire de ce pas,
Que c'est un fou fieffé.
GEORGETTE.
Nous n'y manquerons pas.

SCÈNE IV.

ARNOLPHE, ALAIN, GEORGETTE.

ALAIN.
Monsieur...
ARNOLPHE.
Approchez-vous ; vous êtes mes fidèles,
Mes bons, mes vrais amis, et j'en sais des nouvelles.
ALAIN.
Le notaire...
ARNOLPHE.
Laissons, c'est pour quelque autre jour.
On veut à mon honneur jouer d'un mauvais tour ;
Et quel affront pour vous, mes enfants, pourrait-ce
Si l'on avait ôté l'honneur à votre maître !   [être,
Vous n'oseriez après paraître en nul endroit ;
Et chacun, vous voyant, vous montrerait au doigt.

Donc, puisque autant que moi l'affaire vous regarde,
Il faut de votre part faire une telle garde,
Que ce galant ne puisse en aucune façon...
GEORGETTE.
Vous nous avez tantôt montré notre leçon.
ARNOLPHE.
Mais à ses beaux discours gardez bien de vous rendre.
ALAIN.
Oh vraiment !...
GEORGETTE.
   Nous savons comme il faut s'en défendre.
ARNOLPHE.
S'il venait doucement : Alain, mon pauvre cœur,
Par un peu de secours soulage ma langueur...
ALAIN.
Vous êtes un sot.
ARNOLPHE.
  (*à Georgette.*)
   Bon. Georgette, ma mignonne,
Tu me parais si douce et si bonne personne...
GEORGETTE.
Vous êtes un nigaud.
ARNOLPHE.
  (*à Alain.*)
   Bon. Quel mal trouves-tu
Dans un dessein honnête et tout plein de vertu ?
ALAIN.
Vous êtes un fripon.
ARNOLPHE.
  (*à Georgette.*)
   Fort bien. Ma mort est sûre,
Si tu ne prends pitié des peines que j'endure.
GEORGETTE.
Vous êtes un benêt, un impudent.
ARNOLPHE.
      Fort bien.
(*à Alain.*)
Je ne suis pas un homme à vouloir rien pour rien ;
Je sais, quand on me sert, en garder la mémoire :
Cependant, par avance, Alain, voilà pour boire ;

Et voilà pour t'avoir, Georgette, un cotillon.
(*Ils tendent tous deux la main, et prennent l'argent.*)
Ce n'est de mes bienfaits qu'un simple échantillon.
Toute la courtoisie enfin dont je vous presse,
C'est que je puisse voir votre belle maîtresse.

GEORGETTE, *le poussant.*

A d'autres.

ARNOLPHE.

Bon cela.

ALAIN, *le poussant.*

Hors d'ici.

ARNOLPHE.

Bon.

GEORGETTE, *le poussant*

Mais tôt.

ARNOLPHE.

Bon. Holà ! c'est assez.

GEORGETTE.

Fais-je pas comme il faut !

ALAIN.

Est-ce de la façon que vous voulez l'entendre ?

ARNOLPHE.

Oui, fort bien, hors l'argent qu'il ne fallait pas prendre.

GEORGETTE.

Nous ne nous sommes pas souvenus de ce point.

ALAIN.

Voulez-vous qu'à l'instant nous recommencions ?

ARNOLPHE.

Point.
Suffit. Rentrez tous deux.

ALAIN.

Vous n'avez rien qu'à dire.

ARNOLPHE.

Non, vous dis-je ; rentrez, puisque je le désire.
Je vous laisse l'argent. Allez. Je vous rejoins.
Ayez bien l'œil à tout, et secondez mes soins.

SCÈNE V.

ARNOLPHE, seul.

Je veux, pour espion qui soit d'exacte vue,
Prendre le savetier du coin de notre rue.
Dans la maison toujours je prétends la tenir,
Y faire bonne garde, et surtout en bannir
Vendeuses de rubans, perruquières, coiffeuses,
Faiseuses de mouchoirs, gantières, revendeuses,
Tous ces gens qui sous mains travaillent chaque jour
A faire réussir les mystères d'amour.
Enfin j'ai vu le monde, et j'en sais les finesses.
Il faudra que mon homme ait de grandes adresses,
Si message ou poulet de sa part peut entrer.

SCÈNE VI.

HORACE, ARNOLPHE.

HORACE.

La place m'est heureuse à vous y rencontrer.
Je viens de l'échapper bien belle, je vous jure,
Au sortir d'avec vous, sans prévoir l'aventure,
Seule dans son balcon j'ai vu paraître Agnès,
Qui des arbres prochains prenaient un peu le frais.
Après m'avoir fait signe, elle a su faire en sorte :
Descendant au jardin, de m'en ouvrir la porte :
Mais à peine tous deux dans sa chambre étions-nous,
Qu'elle a sur les degrés entendu son jaloux ;
Et tout ce qu'elle a pu, dans un tel accessoire,
C'est de me renfermer dans une grande armoire.
Il est entré d'abord : je ne le voyais pas,
Mais je l'oyais marcher, sans rien dire, à grands pas ;
Poussant de temps en temps des soupirs pitoyables,
Et donnant quelquefois de grands coups sur les tables,
Frappant un petit chien qui pour lui s'émouvait,
Et jetant brusquement les hardes qu'il trouvait.
Il a même cassé, d'une main mutinée,
Des vases dont la belle ornait sa cheminée ;
Et sans doute il faut bien qu'à ce becque-cornu
Du trait qu'elle a joué quelque jour soit venu.

Enfin, après cent tours, ayant de la manière
Sur ce qui n'en peut mais déchargé sa colère,
Mon jaloux inquiet, sans dire son ennui,
Est sorti de la chambre, et moi de mon étui.
Nous n'avons point voulu, de peur du personnage,
Risquer à nous tenir ensemble davantage ;
C'était trop hasarder : mais je dois cette nuit,
Dans sa chambre un peu tard m'introduire sans bruit.
En toussant par trois fois je me ferai connaître ;
Et je dois au signal voir ouvrir la fenêtre,
Dont, avec une échelle, et secondé d'Agnès,
Mon amour tâchera de me garder l'accès.
Comme à mon seul ami, je veux bien vous l'apprendre.
L'allégresse du cœur s'augmente à la répandre ;
Et, goûtât-on cent fois un bonheur tout parfait,
On n'en est pas content, si quelqu'un ne le sait.
Vous prendrez part, je pense, à l'heur de mes affaires.
Adieu. Je vais songer aux choses nécessaires.

SCÈNE VII.

ARNOLPHE, *seul*.

Quoi ? l'astre qui s'obstine à me désespérer
Ne me donnera pas le temps de respirer !
Coup sur coup je verrai, par leur intelligence,
De mes soins vigilants confondre la prudence !
Et je serai la dupe, en ma maturité,
D'une jeune innocente et d'un jeune éventé !
En sage philosophe on m'a vu, vingt années,
Contempler des maris les tristes destinées,
Et m'instruire avec soin de tous les accidents
Qui font dans le malheur tomber les plus prudents ;
Des disgraces d'autrui profitant dans mon ame,
J'ai cherché les moyens, voulant prendre une femme,
De pouvoir garantir mon front de tous affronts,
Et le tirer de pair d'avec les autres fronts ;
Pour ce noble dessein, j'ai cru mettre en pratique
Tout ce que peut trouver l'humaine politique :
Et, comme si du sort il était arrêté
Que nul homme ici bas n'en serait exempté,

Après l'expérience et toutes les lumières
Que j'ai pu m'acquérir sur de telles matières,
Après vingt ans et plus de méditation
Pour me conduire en tout avec précaution,
De tant d'autres maris j'aurais quitté la trace,
Pour me trouver après dans la même disgrace!
Ah! bourreau de destin, vous en aurez menti;
De l'objet qu'on poursuit je suis encor nanti;
Si son cœur m'est volé par ce blondin funeste,
J'empêcherai du moins qu'on s'empare du reste;
Et cette nuit, qu'on prend pour ce galant exploit,
Ne se passera pas si doucement qu'on croit.
Ce m'est quelque plaisir, parmi tant de tristesse,
Que l'on me donne avis du piège qu'on me dresse,
Et que cet étourdi, qui veut m'être fatal,
Fasse son confident de son propre rival.

SCENE VIII.

CHRYSALDE, ARNOLPHE.

CHRYSALDE.

Hé bien! souperons-nous avant la promenade?

ARNOLPHE.

Non. Je jeûne ce soir.

CHRYSALDE.

D'où vient cette boutade?

ARNOLPHE.

De grace, excusez-moi, j'ai quelque autre embarras.

CHRYSALDE.

Votre hymen résolu ne se fera-t-il pas?

ARNOLPHE.

C'est trop s'inquiéter des affaires des autres.

CHRYSALDE.

Oh! oh! si brusquement! Quels chagrins sont les vôtres?
Serait-il point, compère, à votre passion
Arrivé quelque peu de tribulation?
Je le jurerais presque à voir votre visage.

ARNOLPHE.

Quoi qu'il m'arrive, au moins aurais-je l'avantage

De ne pas ressembler à de certaines gens
Qui souffrent doucement l'approche des galants.

CHRYSALDE.

C'est un étrange fait, qu'avec tant de lumières,
Vous vous effarouchiez toujours sur ces matières,
Qu'en cela vous mettiez le souverain bonheur,
Et ne conceviez point au monde d'autre honneur.
Etre avare, brutal, fourbe, méchant et lâche,
N'est rien, à votre avis, auprès de cette tache,
Et, de quelque façon qu'on puisse avoir vécu,
On est homme d'honneur quand on n'est point coc
A le bien prendre au fond, pourquoi voulez-vous croi
Que de ce cas fortuit dépende notre gloire,
Et qu'une ame bien née ait à se reprocher
L'injustice d'un mal qu'on ne peut empêcher?
Pourquoi voulez-vous, dis-je, en prenant une femm
Qu'on soit digne, à son choix, de louange ou de blâm
Et qu'on s'aille former un monstre plein d'effroi
De l'affront que nous fait son manquement de foi?
Mettez-vous dans l'esprit qu'on peut du cocuage
Se faire en galant homme une plus douce image;
Que, des coups du hasard aucun n'étant garant,
Cet accident de soi doit être indifférent,
Et qu'enfin tout le mal, quoique le monde glose,
N'est que dans la façon de recevoir la chose;
Et, pour se bien conduire en ces difficultés,
Il y faut, comme en tout, fuir les extrémités,
N'imiter pas ces gens un peu trop débonnaires
Qui tirent vanité de ces sortes d'affaires,
De leurs femmes toujours vont citant les galants,
En font partout l'éloge et prônent leurs talents,
Témoignent avec eux d'étroites sympathies,
Sont de tous leurs cadeaux, de toutes leurs parties,
Et font qu'avec raison les gens sont étonnés
De voir leur hardiesse à montrer là leur nez.
Ce procédé, sans doute, est tout à fait blâmable;
Mais l'autre extrémité n'est pas moins condamnable
Si je n'approuve pas ces amis des galants,
Je ne suis pas aussi pour ces gens turbulents,

Dont l'impudent chagrin, qui tempête et qui gronde,
Attire au bruit qu'il fait les yeux de tout le monde,
Et qui, par cet éclat, semble ne pas vouloir
Qu'aucun puisse ignorer ce qu'ils peuvent avoir.
Entre ces deux partis il en est un honnête,
Où, dans l'occasion, l'homme prudent s'arrête ;
Et, quand on le sait prendre, on n'a point à rougir
Du pis dont une femme avec nous puisse agir.
Quoi qu'on en puisse dire enfin, le cocuage,
Sous des traits moins affreux, aisément s'envisage ;
Et, comme je vous dis, toute l'habileté
Ne va qu'à le savoir tourner du bon côté.

ARNOLPHE.

Après ce beau discours, toute la confrérie
Doit un remerciement à votre seigneurie ;
Et quiconque voudra vous entendre parler
Montrera de la joie à s'y voir enrôler.

CHRYSALDE.

Je ne dis pas cela ; car c'est ce que je blâme ;
Mais, comme c'est le sort qui nous donne une femme,
Je dis que l'on doit faire ainsi qu'au jeu de dés,
Où, s'il ne vous vient pas ce que vous demandez,
Il faut jouer d'adresse, et, d'une ame réduite,
Corriger le hasard par la bonne conduite.

ARNOLPHE.

C'est à dire, dormir et manger toujours bien,
Et se persuader que tout cela n'est rien.

CHRYSALDE.

Vous pensez vous moquer ; mais à ne vous rien feindre,
Dans le monde je vois cent choses plus à craindre,
Et dont je me ferais un bien plus grand malheur
Que de cet accident qui vous fait tant de peur.
Pensez-vous qu'à choisir de deux choses prescrites,
Je n'aimasse pas mieux être ce que vous dites,
Que de me voir mari de ces femmes de bien,
Dont la mauvaise humeur fait un procès sur rien,
Ces dragons de vertu, ces honnêtes diablesses,
Se retranchant toujours sur leurs sages prouesses,
Qui, pour un petit tort qu'elles ne nous font pas,
Prennent droit de traiter les gens de haut en bas,

Et veulent, sur le pied de nous être fidèles,
Que nous soyons tenus à tout endurer d'elles?
Encore un coup, compère, apprenez qu'en effet
Le cocuage n'est que ce que l'on le fait;
Qu'on peut le souhaiter pour de certaines causes,
Et qu'il a ses plaisirs comme les autres choses.

ARNOLPHE.

Si vous êtes d'humeur à vous en contenter,
Quant à moi, ce n'est pas la mienne d'en tâter;
Et plutôt que subir une telle aventure...

CHRYSALDE.

-Mon Dieu! ne jurez point, de peur d'être parjure.
Si le sort l'a réglé, vos soins sont superflus,
Et l'on ne prendra pas votre avis là dessus.

ARNOLPHE.

Moi, je serais cocu!

CHRYSALDE.

Vous voilà bien malade!
Mille gens le sont bien, sans vous faire bravade,
Qui, de mine, de cœur, de biens et de maison,
Ne feraient avec vous nulle comparaison.

ARNOLPHE.

Et moi, je n'en voudrais avec eux faire aucune;
Mais cette raillerie, en un mot, m'importune;
Brisons là, s'il vous plaît.

CHRYSALDE.

Vous êtes en courroux!
Nous en saurons la cause. Adieu. Souvenez-vous,
Quoi que sur ce sujet votre honneur vous inspire,
Que c'est être à demi ce que l'on vient de dire,
Que de vouloir jurer qu'on ne le sera pas.

ARNOLPHE.

Moi, je le jure encore, et je vais de ce pas
Contre cet accident trouver un bon remède.

(*Il court heurter à sa porte.*)

SCENE IX.

ARNOLPHE, ALAIN, GEORGETTE.

ARNOLPHE.

Mes amis, c'est ici que j'implore votre aide.

Je suis édifié de votre affection :
Mais il faut qu'elle éclate en cette occasion ;
Et, s'y vous m'y servez selon ma confiance,
Vous êtes assurés de votre récompense.
L'homme que vous savez (n'en faites point de bruit)
Vent, comme je l'ai su, m'attraper cette nuit,
Dans la chambre d'Agnès entrer par escalade ;
Mais il lui faut, nous trois, dresser une embuscade,
Je veux que vous preniez chacun un bon bâton,
Et, quand il sera prêt du dernier échelon,
(Car dans le temps qu'il faut j'ouvrirai la fenêtre,)
Que tous deux à l'envi vous me chargiez ce traître,
Mais d'un air dont son dos garde le souvenir,
Et qui lui puisse apprendre à n'y plus revenir ;
Sans me nommer pourtant en aucune manière,
Ni faire aucun semblant que je serai derrière.
Aurez-vous bien l'esprit de servir mon courroux ?

ALAIN.

S'il ne tient qu'à frapper, monsieur ! tout est à nous :
Vous verrez, quand je bats, si j'y vais de main morte.

GEORGETTE.

La mienne, quoiqu'aux yeux elle semble moins forte,
N'en quitte pas sa part à le bien étriller.

ARNOLPHE.

Rentrez donc ; et surtout gardez de babiller.
   (*seul.*)
Voilà pour le prochain une leçon utile ;
Et, si tous les maris qui sont en cette ville
De leurs femmes ainsi recevaient le galant,
Le nombre des cocus ne serait pas si grand.

FIN DU QUATRIÈME ACTE.

ACTE V.

SCENE PREMIÈRE.
ARNOLPHE, ALAIN, GEORGETTE.

ARNOLPHE.
Traîtres, qu'avez-vous fait par cette violence?
ALAIN.
Nous vous avons rendu, monsieur, obéissance.
ARNOLPHE.
De cette excuse en vain vous voulez vous armer,
L'ordre était de le battre et non de l'assommer;
Et c'était sur le dos, et non pas sur la tête,
Que j'avais commandé qu'on fît choir la tempête.
Ciel! dans quel accident me jette ici le sort!
Et que puis-je résoudre à voir cet homme mort?
Rentrez dans la maison, et gardez de rien dire
De cet ordre innocent que j'ai pu vous prescrire.
     (*seul.*)
Le jour s'en va paraître, et je vais consulter
Comment dans ce malheur je me dois comporter.
Hélas! que deviendrai-je? et que dira le père,
Lorsque inopinément il saura cette affaire?

SCENE II.
HORACE, ARNOLPHE.

HORACE, *à part.*
Il faut que j'aille un peu reconnaître qui c'est.
ARNOLPHE, *se croyant seul.*
Eût-on jamais prévenu...?
     (*Heurté par Horace, qu'il ne reconnaît pas.*)
                    Qui va là, s'il vous plaît?
HORACE.
C'est vous, seigneur Arnolphe?

ACTE V, SCENE II.

ARNOLPHE.
            Oui. Mais vous...?
HORACE.
                              C'est Horace.
Je m'en allais chez vous vous prier d'une grace.
Vous sortez bien matin !
       ARNOLPHE, *bas, à part.*
                Quelle confusion !
Est-ce un enchantement ? est-ce une illusion ?
       HORACE.
J'étais, à dire vrai, dans une grande peine ;
Et je bénis du ciel la bonté souveraine
Qui fait qu'à point nommé je vous rencontre ainsi.
Je viens vous avertir que tout a réussi,
Et même beaucoup plus que je n'eusse osé dire,
Et par un incident qui devait tout détruire.
Je ne sais point par où l'on a pu soupçonner
Cette assignation qu'on m'avait su donner :
Mais, étant sur le point d'atteindre à la fenêtre,
J'ai, contre mon espoir, vu quelques gens paraître,
Qui, sur moi brusquement levant chacun le bras,
M'ont fait manquer le pied et tomber jusqu'en bas ;
Et ma chute, aux dépens de quelque meurtrissure,
De vingt coups de bâton m'a sauvé l'aventure.
Ces gens-là, dont était, je pense, mon jaloux,
Ont imputé ma chute à l'effort de leurs coups ;
Et, comme la douleur, un assez long espace,
M'a fait sans remuer demeurer sur la place,
Ils ont cru tout de bon qu'il m'avait assommé,
Et chacun d'eux s'en est aussitôt alarmé.
J'entendais tout le bruit dans leur profond silence :
L'un l'autre ils s'accusaient de cette violence :
Et, sans lumière aucune, en querellant le sort,
Sont venus doucement tâter si j'étais mort.
Je vous laisse à penser si, dans la nuit obscure,
J'ai d'un vrai trépassé su tenir la figure.
Ils se sont retirés avec beaucoup d'effroi ;
Et, comme je songeais à me retirer, moi,
De cette feinte mort la jeune Agnès émue
Avec empressement est devers moi venue :

Car les discours qu'entre eux ces gens avaient tenus
Jusques à son oreille étaient d'abord venus,
Et, pendant tout ce trouble étant moins observée,
Du logis aisément elle s'était sauvée ;
Mais, me trouvant sans mal, elle a fait éclater
Un transport difficile à bien représenter.
Que vous dirai-je? Enfin, cette aimable personne
A suivi les conseils que son amour lui donne,
N'a plus voulu songer à retourner chez soi,
Et de tout son destin s'est commise à ma foi.
Considérez un peu, par ce trait d'innocence,
Où l'expose d'un fou la haute impertinence,
Et quels fâcheux périls elle pourrait courir,
Si j'étais maintenant homme à la moins chérir.
Mais d'un trop pur amour mon ame est embrasée ;
J'aimerais mieux mourir que la voir abusée :
Je lui vois des appas dignes d'un autre sort,
Et rien ne m'en saurait séparer que la mort.
Je prévois là-dessus l'emportement d'un père ;
Mais nous prendrons le temps d'apaiser sa colère.
A des charmes si doux je me laisse emporter,
Et dans la vie, enfin, il se faut contenter.
Ce que je veux de vous, sous un secret fidèle,
C'est que je puisse mettre en vos mains cette belle ;
Que dans votre maison, en faveur de mes feux,
Vous lui donniez retraite au moins un jour ou deux.
Outre qu'aux yeux du monde il faut cacher sa fuite,
Et qu'on en pourra faire une exacte poursuite,
Vous savez qu'une fille aussi de sa façon
Donne avec un jeune homme un étrange soupçon ;
Et, comme c'est à vous, sûr de votre prudence,
Que j'ai fait de mes feux entière confidence,
C'est à vous seul aussi, comme ami généreux,
Que je puis confier ce dépôt amoureux.

ARNOLPHE.

Je suis, n'en doutez point, tout à votre service.

HORACE.

Vous voulez bien me rendre un si charmant office?

ACTE V, SCENE III.

ARNOLPHE.

Très volontiers, vous dis-je ; et je me sens ravir
De cette occasion que j'ai de vous servir.
Je rends graces au ciel de ce qu'il me l'envoie,
Et n'ai jamais rien fait avec si grande joie.

HORACE.

Que je suis redevable à toutes vos bontés !
J'avais de votre part craint des difficultés :
Mais vous êtes du monde, et, dans votre sagesse,
Vous savez excuser le feu de la jeunesse.
Un de mes gens la garde au coin de ce détour.

ARNOLPHE.

Mais comment ferons-nous ! car il fait un peu jour.
Si je la prends ici, l'on me verra peut-être ;
Et, s'il faut que chez moi vous veniez à paraître,
Des valets causeront. Pour jouer au plus sûr,
Il faut me l'amener dans un lieu plus obscur.
Mon allée est commode, et je l'y vais attendre.

HORACE.

Ce sont précautions qu'il est fort bon de prendre.
Pour moi, je ne ferai que vous la mettre en main,
Et chez moi, sans éclat, je retourne soudain.

ARNOLPHE, *seul.*

Ah ! fortune, ce trait d'aventure propice
Répare tous les maux que m'a fait ton caprice.
    (*Il s'enveloppe le nez dans son manteau.*)

SCENE III.

AGNÈS, HORACE, ARNOLPHE.

HORACE, *à Agnès.*

Ne soyez point en peine où je veux vous mener ;
C'est un logement sûr que je vous fais donner.
Vous loger avec moi, ce serait tout détruire :
Entrez dans cette porte, et laissez-vous conduire.
(*Arnolphe lui prend la main sans qu'elle le reconnaisse.*)

AGNÈS, *à Horace.*

Pourquoi me quittez-vous ?

HORACE.

                    Chère Agnès, il le faut.

AGNÈS.

Songez donc, je vous prie, à revenir bientôt.

HORACE.

J'en suis assez pressé par ma flamme amoureuse.

AGNÈS.

Quand je ne vous vois point, je ne suis point joyeuse.

HORACE.

Hors de votre présence, on me voit triste aussi.

AGNÈS.

Hélas! s'il était vrai, vous resteriez ici.

HORACE.

Quoi! vous pourriez douter de mon amour extrême!

AGNÈS.

Non, vous ne m'aimez pas autant que je vous aime.
(*Arnolphe la tire.*)
Ah! l'on me tire trop.

HORACE.

C'est qu'il est dangereux,
Chère Agnès, qu'en ce lieu nous soyons vus tous deux,
Et le parfait ami de qui la main vous presse
Suit le zèle prudent qui pour nous l'intéresse.

AGNÈS.

Mais suivre un inconnu que...

HORACE.

N'appréhendez rien!
Entre de telles mains vous ne serez que bien.

AGNÈS.

Je me trouverais mieux entre celles d'Horace,
Et j'aurais...
(*à Arnolphe qui la tire encore.*)
Attendez.

HORACE.

Adieu. Le jour me chasse.

AGNÈS.

Quand vous verrai-je donc?

HORACE.

Bientôt, assurément.

AGNÈS.

Que je vais m'ennuyer jusques à ce moment!

ACTE V, SCENE IV.

HORACE, *en s'en allant.*

Grace au ciel, mon bonheur n'est plus en concurrence;
Et je puis maintenant dormir en assurance.

SCENE IV.

ARNOLPHE, AGNES.

ARNOLPHE, *caché dans son manteau, et déguisant sa voix.*

Venez, ce n'est pas là que je vous logerai,
Et votre gîte ailleurs est par moi préparé.
Je prétends en lieu sûr mettre votre personne.
(Se faisant connaître.)
Me connaissez-vous?

AGNÈS.

Hai!

ARNOLPHE.

Mon visage, friponne,
Dans cette occasion rend vos sens effrayés,
Et c'est à contrecœur qu'ici vous me voyez;
Je trouble en ses projets l'amour qui vous possède.
(Agnès regarde si elle ne verra point Horace.)
N'appelez point des yeux le galant à votre aide;
Il est trop éloigné pour vous donner secours.
Ah! ah! si jeune encor, vous jouez de ces tours!
Votre simplicité, qui semble sans pareille,
Demande si l'on fait les enfants par l'oreille;
Et vous savez donner des rendez-vous la nuit,
Et pour suivre un galant vous évader sans bruit!
Tu-dieu! comme avec lui votre langue cajole!
Il faut qu'on vous ait mise à quelque bonne école!
Qui diantre tout d'un coup vous en a tant appris?
Vous ne craignez donc plus de trouver des esprits?
Et ce galant, la nuit, vous a donc enhardie?
Ah! coquine, en venir à cette perfidie!
Malgré tous mes bienfaits former un tel dessein!
Petit serpent que j'ai réchauffé dans mon sein,
Et qui, dès qu'il se sent, par une humeur ingrate
Cherche à faire du mal à celui qui le flatte!

AGNÈS.

Pourquoi me criez-vous?

ARNOLPHE.

J'ai grand tort en effet!

AGNÈS.

Je n'entends point de mal dans tout ce que j'ai fait.

ARNOLPHE.

Suivre un galant n'est pas une action infame?

AGNÈS.

C'est un homme qui dit qu'il me veut pour sa femme.
J'ai suivi vos leçons, et vous m'avez prêché
Qu'il se faut marier pour ôter le péché.

ARNOLPHE.

Oui. Mais pour femme, moi, je prétendais vous prendre
Et je vous l'avais fait, me semble, assez entendre.

AGNÈS.

Oui. Mais, à vous parler franchement entre nous,
Il est plus pour cela selon mon goût que vous.
Chez vous le mariage est fâcheux et pénible,
Et vos discours en font une image terrible;
Mais, las! il le fait, lui, si rempli de plaisirs,
Que de se marier il donne des désirs.

ARNOLPHE.

Ah! c'est que vous l'aimez, traîtresse!

AGNÈS.

Oui, je l'aime.

ARNOLPHE.

Et vous avez le front de le dire à moi-même!

AGNÈS.

Et pourquoi, s'il est vrai, ne le dirais-je pas?

ARNOLPHE.

Le deviez-vous aimer, impertinente?

AGNÈS.

Hélas!
Est-ce que j'en puis mais? Lui seul en est la cause,
Et je n'y songeais pas lorsque se fit la chose.

ARNOLPHE.

Mais il fallait chasser cet amoureux désir.

AGNÈS.

Le moyen de chasser ce qui fait du plaisir?

ARNOLPHE.
Et ne saviez-vous pas que c'était me déplaire?
AGNÈS.
Moi? point du tout. Quel mal cela vous peut-il faire?
ARNOLPHE.
Il est vrai, j'ai sujet d'en être réjoui!
Vous ne m'aimez donc pas, à ce compte?
AGNÈS.
Vous?
ARNOLPHE.
Oui.
AGNÈS.
Hélas! non.
ARNOLPHE.
Comment, non!
AGNÈS.
Voulez-vous que je mente?
ARNOLPHE.
Pourquoi ne m'aimer pas, madame l'impudente?
AGNÈS.
Mon Dieu! ce n'est pas moi que vous devez blâmer :
Que ne vous êtes-vous, comme lui, fait aimer?
Je ne vous en ai pas empêché, que je pense.
ARNOLPHE.
Je m'y suis efforcé de toute ma puissance;
Mais les soins que j'ai pris, je les ai perdus tous.
AGNÈS.
Vraiment, il en sait donc là dessus plus que vous;
Car à se faire aimer il n'a point eu de peine.
ARNOLPHE, *à part*.
Voyez comme raisonne et répond la vilaine!
Peste! une précieuse en dirait-elle plus?
Ah! je l'ai mal connue; ou, ma foi, là-dessus
Une sotte en sait plus que le plus habile homme.
(*à Agnès.*)
Puisqu'en raisonnements votre esprit se consomme,
La belle raisonneuse; est-ce qu'un si longtemps
Je vous aurai pour lui nourrie à mes dépens?
AGNÈS.
Non. Il vous rendra tout jusques au dernier double.

ARNOLPHE, *bas, à part.*

Elle a de certains mots où mon dépit redouble.
(*haut.*)
Me rendra-t-il, coquine, avec tout son pouvoir,
Les obligations que vous pouvez m'avoir?

AGNÈS.

Je ne vous en ai pas de si grandes qu'on pense.

ARNOLPHE.

N'est-ce rien que les soins d'élever votre enfance?

AGNÈS.

Vous avez là-dedans bien opéré vraiment,
Et m'avez fait en tout instruire joliment!
Croit-on que je me flatte, et qu'enfin, dans ma tête,
Je ne juge pas bien que je suis une bête?
Moi-même j'en ai honte; et, dans l'âge où je suis,
Je ne veux plus passer pour sotte, si je puis.

ARNOLPHE.

Vous fuyez l'ignorance, et voulez, quoi qu'il coûte,
Apprendre du blondin quelque chose?

AGNÈS. Sans doute.

C'est de lui que je sais ce que je puis savoir;
Et beaucoup plus qu'à vous je pense lui devoir.

ARNOLPHE.

Je ne sais qui me tient qu'avec une gourmade.
Ma main de ce discours ne venge la bravade.
J'enrage quand je vois sa piquante froideur;
Et quelques coups de poing satisferaient mon cœur.

AGNÈS.

Hélas! vous le pouvez, si cela vous peut plaire.

ARNOLPHE, *à part.*

Ce mot et ce regard désarme ma colère,
Et produit un retour de tendresse de cœur,
Qui de son action m'efface la noirceur.
Chose étrange d'aimer, et que, pour ces traîtresses,
Les hommes soient sujets à de telles faiblesses!
Tout le monde connaît leur imperfection;
Ce n'est qu'extravagance et qu'indiscrétion;
Leur esprit est méchant, et leur ame fragile;
Il n'est rien de plus faible et de plus imbécille,

ACTE V, SCENE IV.

Rien de plus infidèle : et malgré tout cela,
Dans le monde on fait tout pour ces animaux-là.
            (à Agnès.)
Hé bien! faisons la paix. Va, petite traîtresse,
Je te pardonne tout et te rends ma tendresse;
Considère par-là l'amour que j'ai pour toi,
Et, me voyant si bon, en revanche aime-moi.

            AGNÈS.
Du meilleur de mon cœur je voudrais vous complaire :
Que me coûterait-il si je le pouvais faire?

            ARNOLPHE.
Mon pauvre petit bec, tu le peux, si tu veux.
Ecoute seulement ce soupir amoureux,
Vois ce regard mourant, contemple ma personne,
Et quitte ce morveux et l'amour qu'il te donne.
C'est quelque sort qu'il faut qu'il ait jeté sur toi,
Et tu seras cent fois plus heureuse avec moi.
Ta forte passion est d'être brave et leste,
Tu le seras toujours, va, je te le proteste ;
Sans cesse, nuit et jour, je te caresserai,
Je te bouchonnerai, baiserai, mangerai;
Tout comme tu voudras, tu pourras te conduire :
Je ne m'explique point, et cela, c'est tout dire.
            (bas, à part.)
Jusqu'où la passion peut-elle faire aller !
            (haut.)
Enfin, à mon amour rien ne peut s'égaler :
Quelle preuve veux-tu que je t'en donne, ingrate?
Me veux-tu voir pleurer? Veux-tu que je me batte?
Veux-tu que je m'arrache un côté de cheveux?
Veux-tu que je me tue? Oui, dis si tu veux,
Je suis tout prêt, cruelle, à te prouver ma flamme.

            AGNÈS.
Tenez, tous vos discours ne me touchent point l'ame,
Horace avec deux mots en ferait plus que vous.

            ARNOLPHE.
Ah! c'est trop me braver, trop pousser mon courroux.
Je suivrai mon dessein, bête trop indocile,
Et vous dénicherez à l'instant de la ville.

Vous rebutez mes vœux et me mettez à bout ;
Mais un cul de couvent me vengera de tout.

SCENE V.

ARNOLPHE, AGNES, ALAIN.

ALAIN.

Je ne sais ce que c'est, monsieur, mais il me semble
Qu'Agnès et le corps mort s'en sont allés ensemble.

ARNOLPHE.

La voici. Dans ma chambre allez me la nicher.
(à part.)
Ce ne sera pas là qu'il la viendra chercher ;
Et puis, c'est seulement pour une demi-heure.
Je vais, pour lui donner une sûre demeure,
(à Alain.)
Trouver une voiture. Enfermez-vous des mieux ;
Et surtout gardez-vous de la quitter des yeux.
(seul.)
Peut-être que son ame étant dépaysée,
Pourra de cet amour être désabusée.

SCENE VI.

HORACE, ARNOLPHE.

HORACE.

Ah ! je viens vous trouver, accablé de douleur.
Le ciel, seigneur Arnolphe, a conclu mon malheur ;
Et, par un trait fatal d'une injustice extrême,
On me veut arracher de la beauté que j'aime.
Pour arriver ici mon père a pris le frais ;
J'ai trouvé qu'il mettait pied à terre ici près :
Et la cause, en un mot, d'une telle venue,
Qui, comme je disais, ne m'était pas connue,
C'est qu'il m'a marié sans m'en écrire rien,
Et qu'il vient en ces lieux célébrer ce lien.
Jugez, en prenant part à mon inquiétude,
S'il pouvait m'arriver un contretemps plus rude.
Cet Enrique, dont hier je m'informais à vous,
Cause tout le malheur dont je ressens les coups :

Il vient avec mon père achever ma ruine,
Et c'est sa fille unique à qui l'on me destine.
J'ai, dès leurs premiers mots, pensé m'évanouir :
Et d'abord, sans vouloir plus long-temps les ouïr,
Mon père ayant parlé de vous rendre visite,
L'esprit plein de frayeur, je l'ai devancé vite.
De grace, gardez-vous de lui rien découvrir
De mon engagement qui le pourrait aigrir ;
Et tâchez, comme en vous il prend grande créance,
De le dissuader de cette autre alliance.

ARNOLPHE.

Oui-dà.

HORACE.

Conseillez-lui de différer un peu,
Et rendez, en ami, ce service à mon feu.

ARNOLPHE.

Je n'y manquerai pas.

HORACE.

C'est en vous que j'espère.

ARNOLPHE.

Fort bien.

HORACE.

Et je vous tiens mon véritable père.
Dites-lui que mon âge... Ah! je le vois venir!
Ecoutez les raisons que je vous puis fournir.

SCENE VII.

ENRIQUE, ORONTE, CHRYSALDE, HORACE,
ARNOLPHE.

(*Horace et Arnolphe se retirent dans un coin du théâtre,
et parlent bas ensemble.*)

ENRIQUE, à *Chrysalde.*

Aussitôt qu'à mes yeux je vous ai vu paraître,
Quand on ne m'eût rien dit, j'aurais su vous connaître.
Je vous vois tous les traits de cette aimable sœur
Dont l'hymen autrefois m'avait fait possesseur ;
Et je serais heureux, si la parque cruelle
M'eût laissé ramener cette épouse fidèle,
Pour jouir avec moi des sensibles douceurs
De revoir tous les siens après nos longs malheurs.

Mais, puisque du destin la fatale puissance
Nous prive pour jamais de sa chère présence,
Tâchons de nous résoudre, et de nous contenter
Du seul fruit amoureux qui m'en est pu rester.
Il vous touche de près, et sans votre suffrage
J'aurais tort de vouloir disposer de ce gage.
Le choix du fils d'Oronte est glorieux de soi ;
Mais il faut que ce choix vous plaise comme à moi.

CHRYSALDE.

C'est de mon jugement avoir mauvaise estime,
Que douter si j'approuve un choix si légitime.

ARNOLPHE, *à part, à Horace.*

Oui, je vais vous servir de la bonne façon.

HORACE, *à part, à Arnolphe.*

Gardez encore un coup...

ARNOLPHE *à Horace.*

N'ayez aucun soupçon.

(*Arnolphe quitte Horace pour aller embrasser Oronte.*)

ORONTE, *à Arnolphe.*

Ah ! que cette embrassade est pleine de tendresse !

ARNOLPHE.

Que je sens à vous voir une grande allégresse !

ORONTE.

Je suis ici venu...

ARNOLPHE.

Sans m'en faire récit,
Je sais ce qui vous mène.

ORONTE.

On vous l'a déjà dit ?

ARNOLPHE.

Oui.

ORONTE.

Tant mieux.

ARNOLPHE.

Votre fils à cet hymen résiste,
Et son cœur prévenu n'y voit rien que de triste :
Il m'a même prié de vous en détourner.
Et moi, tout le conseil, que je vous puis donner,
C'est de ne pas souffrir que ce nœud se diffère,
Et de faire valoir l'autorité de père.

ACTE V, SCENE VII.

Il faut avec vigueur ranger les jeunes gens,
Et nous faisons contre eux à leur être indulgents.

HORACE, *à part.*

Ah! traître!

CHRYSALDE.

Si son cœur a quelque répugnance,
Je tiens qu'on ne doit pas lui faire violence.
Mon frère, que je crois, sera de mon avis.

ARNOLPHE.

Quoi! se laissera-t-il gouverner par son fils?
Est-ce que vous voulez qu'un père ait la mollesse
De ne savoir pas faire obéir la jeunesse?
Il serait beau, vraiment, qu'on le vît aujourd'hui
Prendre loi de qui doit la recevoir de lui!
Non, non: c'est mon intime, et sa gloire est la mienne:
Sa parole est donnée, il faut qu'il la maintienne;
Qu'il fasse voir ici de fermes sentiments,
Et force de son fils tous les attachements.

ORONTE.

C'est parler comme il faut; et dans cette alliance,
C'est moi qui vous réponds de son obéissance.

CHRYSALDE, *à Arnolphe.*

Je suis surpris, pour moi, du grand empressement
Que vous me faites voir pour cet engagement,
Et ne puis deviner quel motif vous inspire...

ARNOLPHE.

Je sais ce que je fais, et dis ce qu'il faut dire.

ORONTE.

Oui, oui, seigneur Arnolphe, il est...

CHRYSALDE.

Ce nom l'aigrit;
C'est monsieur de la Souche, on vous l'a déjà dit.

ARNOLPHE.

Il n'importe.

HORACE, *à part.*

Qu'entends-je?

ARNOLPHE, *se tournant vers Horace.*

Oui, c'est là le mystère;
Et vous pouvez juger ce que je devais faire.

HORACE, *à part.*

En quel trouble...

SCÈNE VIII.

ENRIQUE, ORONTE, CHRYSALDE, HORACE, ARNOLPHE, GEORGETTE.

GEORGETTE.

Monsieur, si vous n'êtes auprès,
Nous aurons de la peine à retenir Agnès;
Elle veut à tous coups s'échapper, et peut-être
Qu'elle se pourrait bien jeter par la fenêtre.

ARNOLPHE.

Faites-la moi venir; aussi bien de ce pas
(*à Horace.*)
Prétends-je l'emmener. Ne vous en fâchez pas:
Un bonheur continu rendrait l'homme superbe;
Et chacun a son tour, comme dit le proverbe.

HORACE, *à part*

Quels maux peuvent, ô ciel! égaler mes ennuis!
Et s'est-on jamais vu dans l'abyme où je suis!

ARNOLPHE, *à Oronte.*

Pressez vite le jour de la cérémonie,
J'y prends part; et déjà moi-même je m'en prie.

ORONTE.

C'est bien notre dessein.

SCÈNE IX.

AGNÈS, ORONTE, ENRIQUE, ARNOLPHE, HORACE, CHRYSALDE, ALAIN, GEORGETTE.

ARNOLPHE, *à Agnès*

Venez, belle, venez,
Qu'on ne saurait tenir, et qui vous mutinez.
Voici votre galant, à qui, pour récompense,
Vous pouvez faire une humble et douce révérence.
(*à Horace.*)
Adieu. L'évènement trompe un peu vos souhaits;
Mais tous les amoureux ne sont pas satisfaits.

AGNÈS.

Me laissez-vous, Horace, emmener de la sorte?

ACTE V, SCENE IX.

HORACE.

Je ne sais où j'en suis, tant ma douleur est forte.

ARNOLPHE.

Allons, causeuse, allons.

AGNÈS.

Je veux rester ici.

ORONTE.

Dites-nous ce que c'est que ce mystère-ci :
Nous nous regardons tous, sans le pouvoir comprendre.

ARNOLPHE.

Avec plus de loisir je pourrai vous l'apprendre.
Jusqu'au revoir.

ORONTE.

Où donc prétendez-vous aller ?
Vous ne nous parlez point comme il nous faut parler.

ARNOLPHE.

Je vous ai conseillé, malgré tout son murmure,
D'achever l'hyménée.

ORONTE.

Oui, mais pour le conclure,
Si l'on vous a dit tout, ne vous a-t-on pas dit
Que vous avez chez vous celle dont il s'agit;
La fille qu'autrefois, de l'aimable Angélique,
Sous des liens secrets, eut le seigneur Enrique?
Sur quoi votre discours était-il donc fondé?

CHRYSALDE.

Je m'étonnais aussi de voir son procédé.

ARNOLPHE.

Quoi?...

CHRYSALDE.

D'un hymen secret ma sœur eut une fille,
Dont on cacha le sort à toute la famille.

ORONTE.

Et qui, sous de feints noms, pour ne rien découvrir,
Par son époux, aux champs fut donnée à nourrir.

CHRYSALDE.

Et dans ce temps, le sort, lui déclarant la guerre,
L'obligea de sortir de sa natale terre.

ORONTE.
Et d'aller essuyer mille périls divers,
Dans ces lieux séparés de nous par tant de mers.
CHRYSALDE.
Où ses soins ont gagné ce que dans sa patrie
Avaient pu lui ravir l'imposture et l'envie.
ORONTE.
Et de retour en France, il a cherché d'abord
Celle à qui de sa fille il confia le sort.
CHRYSALDE.
Et cette paysanne a dit avec franchise,
Qu'en vos mains à quatre ans elle l'avait remise.
ORONTE.
Et qu'elle l'avait fait, sur votre charité,
Par un accablement d'extrême pauvreté.
CHRYSALDE.
Et lui, plein de transport, et l'allégresse en l'ame
A fait jusqu'en ces lieux conduire cette femme.
ORONTE.
Et vous allez enfin la voir venir ici,
Pour rendre aux yeux de tous ce mystère éclairci.
CHRYSALDE, *à Arnolphe.*
Je devine à peu près quel est votre supplice :
Mais le sort en cela ne vous est que propice.
Si n'être point cocu vous semble un si grand bien,
Ne vous point marier en est le vrai moyen.
ARNOLPHE, *s'en allant tout transporté, et ne pouvant parler.*
Ouf!

SCÈNE X.

ENRIQUE, ORONTE, CHRYSALDE, AGNÈS, HORACE.

ORONTE.
D'où vient qu'il s'enfuit sans rien dire ?
HORACE.
Ah! mon père,
Vous saurez pleinement ce surprenant mystère.

Le hasard en ces lieux avait exécuté
Ce que votre sagesse avait prémédité.
J'étais, par les doux nœuds d'une ardeur mutuelle,
Engagé de parole avecque cette belle ;
Et c'est elle, en un mot, que vous venez chercher,
Et pour qui mon refus a pensé vous fâcher.

ENRIQUE.

Je n'en ai point douté d'abord que je l'ai vue,
Et mon ame depuis n'a cessé d'être émue.
Ah ! ma fille, je cède à des transports si doux.

CHRYSALDE.

J'en ferais de mon cœur, mon frère, autant que vous ;
Mais ces lieux et cela ne s'accommodent guères.
Allons dans la maison débrouiller ces mystères,
Payer à notre ami ses soins officieux,
Et rendre grace au ciel qui fait tout pour le mieux.

FIN DE L'ÉCOLE DES FEMMES.

TABLE

DU TOME SECOND.

—

Don Garcie de Navarre. . . . . Page   1
L'École des Maris.   65
Les Facheux. 119
L'École des Femmes. 163

FIN DE LA TABLE.

www.ingramcontent.com/pod-product-compliance
Lightning Source LLC
Chambersburg PA
CBHW070630170426
43200CB00010B/1967